미쳐야 산다

지금
그 자리에서
성공하라

미쳐야 산다

비전코리아

contents

프롤로그 • 무한열정으로 승부하라 12

chapter 01 열병에서 열정으로

1. 열정의 원동력을 발견하라 19

가짜 열정에서 벗어나라 • 성공에 대한 열망은 열정의 동력이 아니다 • 열정은 신념에서 나온다

2. 신념으로 불타고 열정으로 성공하라 35

최고의 패를 선택하라 • 신념이 있으면 미치지 않을 수 없다 • 열정은 자신감을 낳는다 • 지금 그 자리에서 성공하라

chapter 02 열정의 시스템을 가동하라

첫 번째 STEP | 열정의 강화
더 뜨거워져라, 용광로처럼

1. 열정의 바람개비가 돌 때까지 뛰어라 57

힘들게 하라, 더욱 힘들게 하라 • 일 자체에서 에너지를 얻어라 • 보람을 음미하라 • 열정으로 전력 질주하라

2. 목숨이 걸린 것처럼 절실하게 하라 76

끝까지 타협하지 말라 • 미래와 연결하라 • 다른 길은 버려라

두 번째 STEP | 열정의 마지노선
뜨겁게 버려라, 지키기 위해

1. 직선처럼 단순해져라 89

원칙을 지키면 단순해진다 • 성과를 포기하더라도 신뢰를 선택하라 • 끈질기게 지켜라

2. 자존감의 마지노선을 지켜라 101

직업인으로서의 자존감을 지켜라 • 업무보다 자신을 먼저 돌보라

세 번째 STEP | 열정의 확장
방아쇠를 당기듯 본질에 집중하라

1. 손에 잡힐 때까지 핵심을 파악하라 111

무엇이 필요한가 • 무엇을 하는가 • 반복되는 어려움은 무엇인가

2. 열정으로 핵심을 자극하라 124

고객이 나를 위해 뛰게 만들어라 • 나에게서 문제의 원인을 찾아라 • 고객보다 뜨거워져라 • 작은 일에도 정성을 다하라 • 정성은 고객을 부른다

네 번째 STEP | 열정의 적용
가장 힘든 오늘을 선택하라

1. 열정의 선순환 구조를 구축하라 143

오늘 하루에 모든 것을 쏟아 부어라 • 힘들게, 감정을 통제하라 • 꼼꼼하게, 열정을 점검하라 • 번거롭게, 시간을 기록하라

2. 작은 것에서부터 힘든 선택을 하라 160

발끝까지 프로의 면모를 갖춰라 • 사소한 것에서 출발하라

다섯 번째 STEP | 열정의 보존
거북이처럼 긍정하라

1. 실패를 계획하라 171

실패는 성공의 신호다 • 실패를 포용하라 • 쉬운 일에서부터 성공의 경험을 쌓아라

2. 끝을 보고 가라 184

처음에서 끝을 보라 • 끝에서 현재를 보라

chapter 03 3W, 무한열정으로 끝없이 도전하라

1. 당신만의 3W를 만들어라 199

3W는 가장 성공적인 습관이다 • 3W는 안정이다 • 3W는 긍정이다 • 가치 있게 성공하라

2. 열정으로 땀 흘리고 가치로 성공하라 217

당신만의 3W에 도전하라 • 집중하고 주도하라

3. 성공이란… 225

항상 "예스!"라고 외쳐라 • 사람을 향한 뜨거운 애정이 먼저다

에필로그 • **무한열정으로 진화하라** 232

● **김철웅 라이프플래너는** 내가 가장 자랑스럽게 생각하는 푸르덴셜인의 한 사람이다. 그는 지난 10년간 수많은 거절을 극복해오면서 많은 성과를 일궈왔으며 그의 삶은 동료들에게 긍정적인 영향을 많이 끼치고 있다. 또한 그는 성실함과 정직함을 무기로 끊임없이 도전해왔는데 그 바탕에는 푸르덴셜의 많은 라이프플래너들이 그러하듯이 생명보험에 대한 뜨거운 무언가가 자리 잡고 있다.

세상 일 중에 가장 힘든 것이 사람 대하는 일이란 말이 있다. 그에게도 예외는 아니었지만 그에게는 고객의 삶을 위한다는 신념과 거기서 출발한 열정이 있었다. 그의 열정은 고객 한 분 한 분의 가슴에 바이러스처럼 전해졌고 그것이 고객의 삶에 열정의 불씨가 되었다. 그는 보험이라는 상품을 파는 세일즈맨이 아니라 희망과 사랑, 믿음을 전하는 사랑의 전도사이자 열정의 전도사이다.

이 책은 열정을 통해 커다란 성과가 나온다는 사실을 알려준다. 열정은 눈에 보이지도 잡히지도 않는 막연한 것이 아니라 하나의 시스템이자 기술이다. 그 시스템을 알고 운영할 수 있는 기술을 익히면 누구나 열정을 가진 사람이 될 수 있다. 열정의 시스템은 성공적인 삶을 향한 소중한 불씨가 될 것이다. '열정에는 한계가 없고 무한열정은 모든 한계

를 뛰어 넘는다.'

요즘처럼 모든 것이 얼어붙은 힘든 시기에 이 책 한 권이 작은 촛불이 되었으면 한다. 하나의 촛불이 방안을 밝히며 퍼져나가듯 이 책을 읽는 많은 사람들에게 삶의 열정으로 퍼져나갔으면 하는 바람이다.

푸르덴셜생명 사장 황우진

● 김철웅 라이프플래너를 표현하는 수식어는 매우 많다. 푸르덴셜생명 내 라이프플래너들이 가장 존경하는 선배이고 2009년 MDRT 인디애나폴리스 연차총회에서 한국인 최초로 포커스세션에 강연사로 섰다. 또한 10년 연속 MDRT 정회원이 되어 종신회원 자격을 달성했으며 국내 최장기 연속으로 3W 413주를 달성한 경력을 가지고 있다.

무엇보다도 지난 10여 년 동안 고객들에게 가장 윤리적이고 모범적인 영업활동을 펼쳐온 바 있다. 또한 필자는 한국MDRT협회에서도 지난

수년간 주도적이고 적극적인 활동을 펼쳐왔고 영업과 병행하여 나눔과 봉사, 동료와의 공유를 하는 데 노력을 아끼지 않았다. 김철웅 라이프플래너의 건승과 건강을 기원하며 이번에 출간한 《미쳐야 산다》에 몇 마디 덧붙이고자 한다.

금번 저서인 《미쳐야 산다》를 한마디로 표현하자면 '열정'이다. 필자가 지난 10여 년 동안 영업활동 현장에서 경험해온 보험인으로서의 숭고한 사명감과 고객 한 분 한 분에게 최선을 다해 보험의 가치를 전달해온 라이프플래너로서의 열정, 직업관, 윤리적인 영업정신과 프로로서의 자기관리 등을 엿볼 수 있다. 보험비즈니스는 절대 쉬운 일이 아니다. 기세등등하게 영업을 시작했던 후배들도 시간이 지나면서 열정이 사라지고 실적이 떨어져 타사로 이동하거나 업계를 떠나는 일이 비일비재하다. 따라서 업계에서 롱런할 수 있는 가장 큰 요소를 꼽으라면 열정과 의욕관리라고 할 것이다.

《미쳐야 산다》를 통해 보험업계의 많은 에이전트들이 큰 용기와 힘을 얻어 가길 바라며 열정과 성공에 확신을 가질 수 있길 바란다.

한국MDRT협회 회장 원승현

● **생명보험 세일즈처럼** 치열한 분야에서 자신의 성공을 즐기는 동시에 다른 사람의 성공을 돕는 데 헌신하는 사람을 찾기란 쉽지 않다. 김철웅 라이프플레너는 자신이 하는 일에 그토록 유능할 수 있도록 해준 열정과 인내, 결단력을 계속해서 놓지 않는 포용력 있는 정신의 소유자다. 그래서 그를 알고 있다는 것이 자랑스럽다. 그는 계속 배우려는 자세를 잃지 않으면서 배운 것을 자기 것으로 만들어왔고 다른 사람들에게 그것을 겸손하게 전달해준다. 그가 살아온 이야기는 나에게 영감과 설렘을 준다. 나는 절대로 포기하지 말 것과 항상 받은 것을 돌려주어야 한다는 것을 늘 믿어왔는데 그의 이야기는 나의 이런 믿음을 확인시켜주기에 내게 큰 격려가 된다.

생명보험업계의 살아 있는 전설 솔로몬 힉스(Solomon Hicks)

┌ 프롤로그

무한열정으로 승부하라

천 개의 볼링핀이 띄엄띄엄 서 있다. 그리고 10파운드, 11파운드, 12파운드의 볼링공 세 개가 있다. 어떤 공을 선택해서 던져야 핀을 가장 많이 쓰러뜨릴 수 있을까? 당신은 어떤 공을 선택할 것인가?

이렇게 질문을 던지면 대부분 공의 무게가 핵심이라고 생각하겠지만 이 질문에는 함정이 있다. 가장 가벼운 공과 가장 무거운 공의 무게 차이는 고작 2파운드에 불과하기 때문에 어떤 공을 선택하든 결과에는 큰 차이가 없다는 것.

핵심은 핀이 서 있는 곳으로 볼링공을 어떻게 보낼 것인가이다. 공에 회전을 주고 제아무리 힘차게 던져도 띄엄띄엄 서 있는 핀은 얼마 쓰러지지 않는다. 그러나 볼링공을 대포에 장전해 쏜다면 어떤 일이 벌어질까? 모조리 쓰러지지 않을까? 적어도 직접 던지는 것보다는 훨씬 많이 쓰러질 것이다. 볼링장에서 대포를 쏘면 당장 쫓겨나겠지만 우리의 인생에서는 대포를 쏘면 기립박수를 받게 된다.

쓰러진 볼링핀은 성과이며 볼링공은 능력이다. 그리고 대포는 열정이다. 우리는 능력이나 스킬을 중요하게 생각하지만 그것은 고작 2파운드의 차이밖에 만들어내지 못한다. 특별히 능력이 뛰어나거나 부족한 몇몇 사람을 제외하면 웬만한 사람들은 능력이 비슷하다. 비슷한 능력을 가졌음에도 누구는 성공하고 누구는 성공하지 못하는 이유는 무엇일까? 열정의 크기, 즉 대포의 화력에서 결정적으로 차이가 나기 때문이다. 다른 요소들을 배제한다면 이를 다음과 같은 공식으로 표현할 수 있다.

성과=열정^2×능력

여기서 중요한 것은 성과가 열정의 제곱에 비례한다는 사실이다. 각자가 가진 능력이 비록 부족하더라도 열정으로 놀라운 성과를 만들 수 있기 때문이다. 특별한 능력을 갖지 않았지만 뜨거운 열정으로 집중력을 발휘하고 전력으로 질주함으로써 큰 꿈을 이루어낸 사람들의 이야기가 많지 않은가.

나는 지금까지의 성과 덕분에 강사로 초빙되는 일이 종종 있다. 강단에 서면 청중들은 내 성과의 비밀을 얼른 털어놓으라는 표정으로 나를 바라본다.

'도대체 비결이 뭐야?'

청중들 중에는 나보다 경력이 많은 사람도 있고 적은 사람도 있다. 그들 중 상당수는 내가 자신들이 모르는 어떤 비결을 갖고 있다고 생각하는 것 같다. 도대체 어떤 스킬을 갖고 있기에 라이프플래너 일을 시작한 첫 해부터 매년 백만달러원탁회의(MDRT)* 회원 자격을 얻고(10회 연속 달성함으로써 2009년 종신회원 자격을 얻음) 413주 연속으로 3W(매주 3건 이상 계약하는 것)를 달성**할 수 있었는지 궁금한 것이다.

라이프플래너가 된 첫 해, 대학과 대학원에서 토목을 공부한 뒤 8년 동안 건설회사에서 일했던 내게 스킬이 있어봐야 얼마나 있었겠는가, 비결 같은 게 있기나 했겠는가.

하지만 누가 내 성공비결을 물으면 잠시도 주저하지 않고 대답한다.

"제 비결은 열정입니다."

이렇게 말하면 "열정이 성공의 비결이라면 나처럼 원래부터 열정이 없는 사람은 어떻게 하죠? 사람마다 타고난 성향이 있듯이 원래부터 열

---

* MDRT는 Million Dollar Round Table(백만달러원탁회의)의 약자로 전 세계의 라이프플래너 중 1퍼센트만이 회원 자격을 얻을 수 있는 라이프플래너의 '명예의 전당'이다. MDRT 회원 모두는 고객의 이익을 최우선으로 여기는 라이프플래너일 뿐 아니라 나눔의 정신을 실천하는 헌신적인 사회봉사자이기도 하다. 그들은 국적에 상관없이 나눔과 봉사의 정신을 바탕으로 자신이 사회로부터 받은 도움을 여러 가지 방법을 통해 사회에 환원하고 있다. MDRT는 서비스의 질적 수준을 높이고 회원들의 전문성을 고취하기 위하여 많은 강연을 준비하는 한편, 매년 회원 서로의 세일즈 아이디어와 노하우를 교환할 수 있는 세계적 규모의 연차총회를 개최한다.

** 413주 연속 3W는 회사의 공식휴가를 제외하고 첫 3W부터 연속 달성한 국내 최장 기록이다.

정적인 사람은 따로 있지 않나요?"라고 말할 사람이 있을 것이다. 단언컨대 이 세상에 '원래 그런 사람'은 없다.

나는 대학, 대학원, 8년의 직장생활을 합쳐 14년 동안 미지근하게 살았다. 결코 열정적인 사람이 아니었다. 다른 사람들보다 뒤처지지는 않았지만 그렇다고 두각을 나타내지도 못했다. 그러다가 라이프플래너 일을 알게 되고 라이프플래너의 길을 걷기 시작하면서 열정을 갖게 되었고, 열정을 만들어내고 더욱 뜨겁게 만드는 방법을 배우게 되었다.

우리는 열정을 내 힘으로는 어떻게 할 수 없는 '신비로운 무엇', 혹은 수많은 성공스토리에서 보듯 극한 상황에 내몰렸을 때 솟아나는 것으로 여기거나 타고나는 것으로 치부하는 경우가 많다.

그러나 열정은 시스템이자 기술이다. 시스템을 알고 그 시스템을 운영할 수 있는 기술을 익힌다면 누구나 열정을 가진 사람이 될 수 있다. 열정적인 인생을 살면서 뜨거운 성공을 거둘 수 있다.

열정에는 한계가 없으며 무한열정은 모든 한계를 뛰어넘는다. 내가 배우고 실천하고 있는 열정의 시스템이 독자들에게 무한열정이라는 선물로 전해지기 바란다.

뜨겁게 결심하고 세운 계획이
며칠을 넘기지 못하고 흐지부지되는 것은
당신의 에너지가 열정이 아니라 열병이었기 때문이다.
열병은 성냥불처럼 금방 꺼지고 만다.
열병이 지나간 자리에는 좌절감만이 가득하다.
고열이 몸을 상하게 하는 것처럼
열병은 마음을 상하게 하는 것이다.
열병에서 열정으로 진화하라.
그것이 무한열정의 출발점이다.

열병에서
열정으로

01
chapter

열정의 본질

내 안에 잠든 열정을 깨워라!

열정의 원동력을 발견하**라**

01

누구에게나 열정의 잠재력은 있다. 다만 잠들어 있을 뿐이다. 잠재되어 있는 능력은 자극이 없으면 깨어나지 않는다. 여태까지 살아오면서 많은 자극을 받았는데도 열정이 깨어나지 않았다면 그 핵을 자극하지 못했기 때문이다. 핵심을 자극하지 못하면 열정이 아니라 열병이 생긴다. 폭탄의 뇌관처럼 바깥에서 가열하는 자극이 아니라 내부에서 폭발하는 자극이 필요하다.

가짜 열정에서 벗어나라

저글링 기술을 배우려면 공이 있어야 하는 것처럼 열정의 기술을 익히기 위해서는 열정이 있어야 한다. 열정을 원하는 독자들에게 이 말은 괴변처럼 들리겠지만 인내심을 가지고 이 책을 읽다 보면 왜 이렇게 말하는지 알게 될 것이다.

당신은 언제 열정이 솟아오르는가? 대부분 아래처럼 생각이 들 때일 것이다.

"내 인생을 이렇게 허비해서는 안 돼."

"경쟁에서 지지 않으려면 더 열심히 노력해야 해."

"성공하려면 열정적으로 일해야지."

이런 생각이 들면 '불끈'해서 계획을 세우는데 꼼꼼하고 빈틈없이 세운 계획은 옛말을 증명하듯 작심삼일에 그치고 만다. 매년 연말, 연초, 휴가 후 그리고 새로운 자극이 있을 때마다 큰 맘 먹고 계획을 세우지만 계획을 세울 때의 열정은 며칠만 지나면 금세 없어져버린다. 실패를 겪은 사람은 깊이 좌절한다. 너무 많은 작심삼일을 경험해서 이제는 새삼스럽지도 않다는 사람에게는 좌절감을 넘어 무력감, 즉 나는 아무것도 할 수 없다는 감정이 찾아온다.

이렇게 계획과 실패가 반복되는 가장 큰 이유는 '불끈'하는 열정은 진짜 열정이 아니기 때문이다. 그것은 열정이 아니라 막연한 경쟁심이나 불안이다. 열정이라기보다 열병에 가깝다.

경쟁심이나 불안에서 기인한 가짜 열정은 오래가지 못할뿐더러 긍정적인 성과로 연결되지도 않는다. 특별한 경우 경쟁심과 불안으로 성공했다는 사람들이 있기는 하다. 자신의 성공은 열등감에서 비롯되었다고 말하는 사람도 있다. 그러나 이러한 성공은 결코 행복한 성공이 아니다. 항상 불안하게 살아야 하기 때문이다. 성공이 당신을 행복하게 해주지 못한다면 그것을 성공이라고 부를 수 있을까?

'불끈'하는 열정에서 벗어나야 한다. 열병에서 벗어나 진짜 열정을 찾으려면 열정의 의미부터 살펴볼 필요가 있다. 모두들 열정을 가지고 싶다고 말하지만 열정이 무엇인지 물어보면 딱 부러지게 대답하는 사람이 드물다. 당신이 생각하는 열정은 무엇인가? 내 주변의 사람들에게 물어보면 대체로 '뜨겁다'는 이미지가 떠오른다고 한다. 그렇다. 열정은 뜨거움이다. 그러나 뜨겁다고 다 열정일까?

국어사전에서 열정을 찾아보면 '어떤 일에 열렬한 애정을 가지고 열중하는 마음'이라고 나와 있다. 그리고 '열중'이란 한 가지 일에 정신을 쏟는 것을 의미한다. 정리하면 '한 가지 일에 열렬한 애정을 가지고 정신을 쏟는 마음'이 열정이다. 최근에야 열정의 사전적 정의를 알게 되었는데 라이프플래너로서의 내 생활이 이 정의에 그대로 들어맞았다. 자신의 일에 열렬한 애정이 있으면 자연스레 그 일에 정신을 쏟게 된다. 스스로 열정이 없다고 생각하거나 열정이 부족하다고 느끼는 사람은 먼저 자신의 일에 애정을 가져야 한다.

자신의 일에 애정을 가지려면 어떻게 해야 할까?

성공에 대한 열망은 **열정의 동력이 아니다**

사회적으로 대접받는 직업에 종사하고 있으면 자기 일에 애정이 생길까? 아니면 많은 돈을 버는 직업이면 될까? 두 가지 요소는 부가적인 요인은 될 수 있겠지만 핵심 요소는 아니다. 어떤 일을 함으로써 생기는 대가는 단기적일 때는 몰라도 장기적으로 동력이 될 수 없다. 이와 관련한 재미있는 일화가 있다.

한 노인이 집 앞에서 시끄럽게 노는 아이들 때문에 골치를 썩고 있었다. 어느 날 노인은 놀고 있는 아이들을 불러 모았다. 그러고는 '너희들이 노는 소리를 듣고 싶은데 귀가 어두워서 그러니 좀 더 큰 소리로 놀아달라'고 했다. 그 대가로 아이들에게 25센트의 돈을 주었다. 돈을 받은 아이들은 신이 나서 더 큰 소리로 놀았다. 다음 날 노인은 돈이 없어서 그러니 20센트만 받고 놀아달라고 했다. 아이들이 받는 돈은 날다마 조금씩 줄어들었다. 드디어 노인은 돈이 없어서 더 이상 '시끄럽게 놀아주는 대가'를 줄 수 없다고 말했다. 자발적으로 잘 놀던 아이들은 공짜로는 떠들 수 없다며 노인의 집 앞에서 떠났다.

그냥 놀이 자체에 빠져 있던 아이들은 대가 없이도 '열정적'으로 놀았다. 그러나 일단 보상이 주어지자 놀이 자체가 주는 재미는 없어져버렸다. 보상에 집중함으로써 놀이 자체의 즐거움을 잃어버린 것이다.

열정을 가지려면 일을 하고서도 돈을 받지 않아야 한다는 억지 주장을 하려는 것이 아니다. 주목해야 할 것은 보상(급여, 수익)이 그 일을 더욱 열심히 하게 하는 데는 그다지 효과가 없다는 점이다. 다시 말해 많은 돈과 뜨거운 열정은 밀접한 관계가 없다는 것이다. 연봉 협상을 잘하거나 직장을 옮겨서 급여가 껑충 뛰어오르더라도 처음 몇 달만 기분이 좋을 뿐 이후에는 급여가 주는 만족도가 이전과 비슷해지는 것과 같은 이치다.

중요한 것은 자기 일에 대한 스스로의 가치평가다. 스스로 자신의 일을 얼마나 중요하게 생각하는가, 자신의 일이 얼마나 가치 있는 일인가에 대한 주관적인 평가에 따라 열정이 생기기도 하고 없어지기도 한다.

미국의 36대 대통령 린든 존슨이 미항공우주국(NASA)에 방문했을 때였다. 대통령이 로비를 지날 때 지저분한 바닥을 닦고 있는 어느 청소부를 보게 되었다. 그는 세상에서 가장 즐거운 일을 하듯 콧노래를 흥얼거리며 열심히 바닥을 닦고 있었다. 그 모습에 감동한 대통령은 그에게 다가가 말했다.

"여태껏 당신처럼 훌륭하게 청소를 하는 사람을 본 적이 없소."

그러자 청소부는 당당하게 대답했다.

"각하, 저는 청소를 하는 것이 아닙니다. 저는 인간을 달에 보내는 일을 돕고 있는 것입니다."

청소부는 자신의 일을 '인간을 달에 보내는 일'이라고 정의했기에 즐겁고 열심히 일을 할 수 있었던 것이다.

물론 일 자체를 즐길 때도 열정은 생긴다. 천재는 노력하는 자를 이길 수 없고 노력하는 자는 즐기는 자를 이길 수 없다는 명언도 있다. 그러나 단지 즐기는 것만으로는 한계가 있다는 것이 나의 생각이다. 어릴 때부터 좋아하던 일을 평생 즐기면서 하는 사람도 있지만 극히 드문 경우일 뿐이다. 또 자기가 좋아하는 일을 선택했지만 몇 년 뒤에는 지긋지긋하게 여기기도 한다. 일에 대한 흥미와 재미는 어느 순간에 사라져버릴 수 있고 스스로 통제하기 어렵기 때문에 지속적인 열정의 동력이 되기 어렵다.

열정은 신념에서 나온다

나는 내가 열정의 동력을 가졌다고 확신한다. 주위에서도 나를 열정적인 사람으로 평가한다. 지금은 열정에 가득 차 있지만 한때 나는 열정적이지 않은, 미지근한 사람이었다.

나는 대학과 대학원에서 토목을 전공했지만 흥미를 느낄 수 없었다. 직장을 다니기 전에도 다른 쪽 일을 해봐야겠다, 다른 공부를 좀 해보면 어떨까 하는 생각을 했었다. 하지만 다른 분야를 기웃거리기만 했을 뿐 결단을 내리지 못했다. 군대에 갔다 오니 삼성물산 건설 부문에서 입사원서가 날아왔다. 1990년이었는데 내가 특별히 뛰어나서가 아니라 일할 사람이 많이 필요한 때였기에 대기업에서 입사원서를 보내온 것이었다. 쉽게 취직할 수 있던 좋은 시절이었다. 요즘처럼 취업이 어려운 때에는 상상도 못할 일이지만 예전에는 이공계 출신들을 대기업에서 서로 먼저 모셔가려고 하던 때가 있었다. 학창 시절에 그랬던 것처럼 이때도 공부한 것을 큰 기득권으로 생각하고는 인생의 방향을 바꾸지 않은 채 고민 없이 쉽게 결정을 내려 건설회사에 취직하게 되었다.

나름대로 맡은 일은 최선을 다했고 성실하게 직장생활을 했다. 뛰어난 축에 끼지는 못했지만 무능한 직원은 아니었다. 회사에서 일본 연수도 보내주었으니 어느 정도 인정을 받았다고 판단한다. 그러나 열정이 없었다. 지금처럼 신바람 나게 일하지 못했다. '이 일은 내 일이 아닌데, 뭔가 내 인생을 걸고 멋지게 해볼 만한 일이 있을 텐데'라는 생각이 떠나지 않았다. 선배들의 모습을 봐도 그다지 멋져 보이지 않았다. 그렇게 8년을 보냈다. 건설 계통에서 일하는 독자들은 오해하지 말기를 바란다. 그저 건설에서 내가 원하는 것을 발견하지 못했을 뿐이다.

그러던 와중에 보험 일을 알게 되었다. 친척 한 분이 푸르덴셜에서 라이프플래너로 일하고 있었는데 너무나 열정적이었고 밤낮을 가리지 않고 미친 듯이 일했다.

'도대체 생명보험 비즈니스가 어떤 일이기에 잘 다니던 좋은 직장도 그만두고 저렇게 열정적으로 일하는 걸까?'

그때까지 내가 보험에 대해 갖고 있던 이미지는 아는 사람들에게 친분을 무기로 보험을 들게 하고는 인맥이 고갈되면 그만둬버리는 소위 '보험 아줌마'였다.

당시 내가 근무하고 있던 기술연구소에서는 IMF 경제위기의 여파로 많은 동료들이 직장을 떠나고 있었다. 불안하고 어수선한 분위기에서 나는 새로운 삶의 방향을 찾고 싶었다. 보다 멋지고 새로운 인생을 만들어가고 싶었다. 지루한 일을 버리고 좀 더 흥미진진한 일을 해보고 싶었다.

때마침 보험 설계사 일에 관심을 갖게 되면서 라이프플래너가 고소득 전문직임을 알게 되었다. 중요한 것은 라이프플래너가 집집마다 생명보험을 준비하도록 도와줌으로써 가장이 사망했을 때 재정적인 위기에서 미망인과 자녀들을 구하고 나아가 우리 사회를 밝게 만드는 정말 가치 있고 보람 있는 일을 한다는 사실을 알았다는 것이다.

'라이프플래너가 되면 어떨까?'

왠지 나한테 잘 맞을 것 같고 내가 오랫동안 찾던 바로 그 일일 수도 있다는 느낌이 들었다. 그래서 푸르덴셜생명의 문을 두드리게 되었다. 푸르덴셜에 근무하는 친척에게 도움을 얻어 입사를 알아볼까 하는 생각도 했지만 혹시 면접에 떨어져 입사하지 못하게 되면 얼마나 창피할까 싶어 무작정 혼자 전화기를 들었다. 114에 전화를 걸어 푸르덴셜 본사 전화번호를 알아냈다. 본사에 전화를 걸고 입사 문의를 했더니 라이프플래너 선발은 지점에서 직접 한다며 삼성역 부근에 위치한 중앙지점을 소개해주었다. 어느 지점을 원하냐고 묻기에 그냥 강남이면 좋겠고 지하철역에서 가장 가까운 지점이면 더욱 좋겠다고 말했었는데 정말 운이 좋게도 푸르덴셜 최고의 명문지점을 안내받은 것이었다.

중앙지점은 내가 입사한 1998년부터 3년 연속 챔피언을 배출한 열정 넘치는 뜨거운 지점이었다. 그런 지점에서 일을 시작했으니 분위기에 휩쓸려 얼마나 열심히 일을 했겠는가. 게다가 지점으로 처음 전화를 걸었을 때 우연히 연결되었던 김경욱 세일즈매니저는 최고의 실력과 인격을 갖춘 인물이었다. 향후 그는 내게 생명보험의 진정한 가치를 깨닫게 해주었을 뿐만 아니라 3W의 의미를 일깨워주었고 MDRT에 매년 도전할 수 있도록 그 가치를 알게 해주었다. 처음에는 어떤 지점 문화 속에서 누구와 함께 일하는가가 얼마나 중요한지 알지 못했다.

앞으로 멋진 삶이 펼쳐질 거란 기대감에 가슴이 부풀어 올랐다. 그런데 부모님을 설득하는 게 큰 문제였다. 아내는 내가 하는 일이면 그저 믿고 따라주는 사람이라 별로 걱정하지 않았지만 부모님은 아니나 다를까 달가워하지 않으셨다. 멀쩡한 아들이 좋은 회사를 그만두고 보험설계사가 되겠다고 하니 당연히 실망이 크셨을 것이다. 아버지는 한숨을 쉬면서 말씀하셨다.

"멀쩡한 직장 버리고 왜 하필이면 보험을 하려느냐? 공부도 많이 하고 지금까지 잘해왔는데……."

확실하게 내 인생을 걸 만한 일을 만났기 때문에 열정이 생기지 않을 수 없었다. 열심히 일하지 않을 수 없었다. 누구나 나와 같은 경험을 한다면 나 이상의 열정을 가질 수 있다고 믿는다.

아버지의 걱정과는 달리 나는 라이프플래너가 된 첫해에 무려 300명 이상을 고객으로 만들면서 회장배 콘테스트에서 슈퍼골드프라이즈라고 하는 챔피언 바로 아래 등급인 슈퍼골드를 차지했다. 1년간의 성적을 기준으로 매년 약 30퍼센트의 라이프플래너들이 시상을 받는데 아래 등급부터 브론즈, 로열브론즈, 실버, 골드, 슈퍼골드 순이다. 슈퍼골드 중 최고가 챔피언이 된다.

슈퍼골드가 된 포상으로 부모님을 모시고 가족과 함께 비행기 비즈니스클래스에 앉아 호주 골드코스트에서 열리는 푸르덴셜의 컨벤션으로 향했다. 컨벤션에 참가한 부모님은 푸르덴셜이 어떤 회사인지 1년여 만에 제대로 아실 수 있었고 아들이 얼마나 잘하고 있는지 확인하실 수 있었다. 내가 단상에 올라가 상을 받을 때 두 분은 너무나 놀라고 감동해서 눈물까지 보이셨다. 두 분의 가슴에 맺혀 있는 응어리는 말끔히 풀어졌고 그 뒤로 두 분은 늘 격려를 아끼지 않는 든든한 응원군이 되어주셨다.

인생을 걸 만한 일은 만나는 게 아니라 발견하는 것이다. 각자 자신이 하고 있는 일에서 중요한 가치를 발견한다면 누가 말려도 저절로 열정이 생겨난다. 그리고 행복해진다.

"우리가 인생에서 진정 얻고 싶은 것은 행복이지만 행복을 좇지 말고 가치 있는 것을 좇아라. 행복은 저절로 찾아오는 것이다. 행복은 마치 고양이와도 같아서 부르지 않아도 어느새 무릎 위에 앉아 있게 된다."

지난 2003년 미국 라스베이거스에서 열린 MDRT 연차총회에 참가했을 때 미국의 교육부 장관을 지낸 윌리엄 베닛이 한 말이다.

같은 일을 하면서도 누구는 그저 먹고살려고 벽돌을 쌓지만 누구는 위대한 성전을 짓기 위해 벽돌을 쌓는다. 어떤 일을 하는가가 아니라 자신의 일에서 어떤 가치를 발견하는가가 중요하다.

일의 가치를 발견했는데도 가슴이 뛰지 않는다면 그때는 적극적으로 다른 일을 찾아야 한다. 내가 8년간 그랬던 것처럼 어영부영 세월에 밀려가면서 불만만 쌓아서는 안 된다.

원래 열정이 없다고 말하지 말라. 열정은 누구에게나 있다. 다만 그 통로가 막혀 있는 사람과 열려 있는 사람이 있을 뿐이다. 닫혀 있는 열정의 문을 열기 위해선 일의 가치를 깨달아야 한다. 보험업계의 전설로 불리며 수십 년 동안 MDRT에서 활동해온 잭 터너는 '생활(living)은 우리가 얻는 것으로 만들어지지만 우리의 삶(life)은 우리가 누군가에 준 것으로 만들어진다'고 했다.
　당신의 일은 누구에게 어떤 가치가 있는가? 그 가치를 생각할 때, 그 가치의 혜택을 받는 사람을 생각할 때 당신의 가슴은 뛰는가?

○ 김철웅이 만난 열정

뜨거운 열정으로 못할 것이 없다

어느 날 오래 전에 내게 보험가입을 했던 여성 고객을 만난 적이 있다. 그녀가 꽤 들떠 있는 것 같아 무슨 좋은 일이 있는지 물어보았다. 그녀의 이야기는 내게 열정의 힘을 알려주기에 충분했다.

그녀는 3개월 전 유키 구라모토(Yuhki Kuramoto)의 'Lake Luise'라는 피아노 연주곡이 너무나 좋아서 그 곡을 직접 연주해보고 싶었다. 그런데 그녀는 피아노를 전혀 칠 줄 몰랐다. 피아노를 배운 적도 없고 악보를 읽을 줄도 몰랐다. 피아노도 가지고 있지 않았다. 그녀에겐 직접 연주하고 싶다는 열정뿐이었다.

우선 악보를 구해 피아노학원을 찾아갔다. 악보에 일일이 계이름을 적고 피아노 건반의 음 자리를 배운 다음 바로 연습에 들어갔다. 그녀는 학생들이 빠져나간 늦은 저녁부터 밤늦은 시간까지 학원에서 연습을 했다. 매일 4~5시간을 연습했다고 한다.

곡이 어느 정도 손에 익자 이제는 좀 더 좋은 소리가 나는 피아노로 연습을 하고 싶었다. 그래서 동네에 있는 레스토랑을 찾아갔다. 거기에 깊고 아름다운 소리가 나는 그랜드피아노가 있었던 것이다. 생면부지의 레스토랑 사장에게 조르고 졸라 피아노를 칠 수 있도록 허락받았고 영업이 끝난 후 새벽까지 혼자 남아서 연습을 했다.

내가 그 고객을 만난 그날은 그녀의 '피아노 역사'에서 매우 중요한 날이었다. 3개월의 '무지막지한' 연습을 통해 단 한 곡뿐이지만 그 곡을 제대로 연주할 수 있게 되자 그녀의 연습을 지켜본 레스토랑 사장이 그녀가 손님들 앞에서 'Lake Luise'를 연주할 수 있는 기회를 주었던 것이다. 나를 만난 바로 그날이었다.

나는 집으로 돌아와서도 그녀가 준 충격이 가시지 않았다.(그때 나는 피아노를 배우기 시작한 지 2년째였는데도 여전히 바이엘을 치고 있었다) 그녀의 3개월을 상상해보았다. 피아노학원 강사와 레스토랑 사장을 비롯해 거의 모든 사람들이 그녀에게 연주는 불가능하다고 말했을 것이다. 몇 시간씩 연습하고 나면 손마디가 저렸을 것이다. 기껏 한다고 했다가 못하면 창피를 당할지도 모른다는 불안감도 있었을 것이다. 그러나 그녀의 열정은 그 모든 것을 이겨내게 했다. 시련은 어떤 일에 대한 열정이 얼마나 큰지 시험하는 것이라는 말이 있다. 그녀의 열정은 시련보다 더 컸고 그토록 바라던 'Lake Luise'를 연주할 수 있게 했다.

신념을 가져라, 미치기 위해!

02 신념으로 불타고 열정으로 성공하라

무슨 일을 하든 돈만 많이 벌면 된다고 생각하는 사람 중에 성공한 사람은 드물다. 돈을 벌 수 있는 일은 얼마든지 있기 때문에 어떤 일을 할 때 작은 위기만 닥쳐도 포기해버리고 다른 데서 기웃거리게 되는 것이다.

자신이 좋아하는 일을 직업으로 갖고 있는 사람은 행운아임에 틀림없다. 그러나 좋아한다는 감정은 너무나 쉽게 변하기 때문에 그 바탕에는 일에 대한 신념이 있어야 한다. 그래야만 지속적으로, 열정적으로 일을 좋아하고 즐길 수 있다.

최고의 패를 선택하라

영화 〈타짜〉를 보면 주인공 고니가 아주 낮은 패를 가졌음에도 과감한 베팅으로 상대의 기를 꺾어버리는 장면이 나온다. 과연 영화에서나 볼 수 있는 배짱이다. 당신의 배짱은 어느 정도인가? 낮은 패를 가지고도 과감하게 전 재산을 걸 수 있겠는가?

자, 지금 라스베이거스의 카지노 바에 앉아 있다고 상상해보라. 당신은 세계 최고의 갑부들과 한자리에 앉아 포커 게임을 시작하려 하고 있다. 패가 돌아가고 이내 마지막 히든카드가 온다. 테이블 위에는 이미 많은 판돈이 쌓여 있다. 그런데 당신의 패가 가장 낮은 것이라면 어떻게 하겠는가? 고니처럼 과감한 베팅으로 상대의 기를 꺾을 수 있겠는가? 당신은 패를 접든지 허세를 부려놓고 불안에 떨든지 둘 중 하나를 선택해야 한다.

반대로 당신의 패가 최고의 패, 즉 로열 스트레이트 플러시라면? 상대가 어떤 패를 들었든 당신이 가장 높다. 당신의 패가 최고다. 그럼 어떻게 하겠는가? 잃을지도 모른다는 불안감은 없다. 상대의 눈치를 볼 필요도 없다. 당신이 할 일은 단 하나, 자신이 가진 모든 것을 거는 일뿐이다. 그야말로 올인 해야 한다.

포커에서는 우연에 맡길 뿐 자신의 패를 스스로 선택할 수 없다. 그러나 인생에서는 다르다. 누구나 최고의 패를 선택할 수 있다. 제일 낮은 패와 가장 높은 패가 있을 때 당신은 어떤 패를 선택할 것인가? 자신의 일이 사람들에게 얼마나 중요한 일인지 깨닫기만 한다면 그것이 바로 최고의 패다.

미쳐야 미친다(不狂不及)고 한다. 자기 일에 미쳐야 열정이 생긴다. 일을 잘하는 사람, 성공하는 사람을 보면 모두 자신의 일에 미쳐 있다. 늘 일을 생각하고 일에서 기쁨을 느낀다. 확신이 없는 일에 인생을 바치는 사람은 없다. 최고의 패라는 확신이 있어야 미칠 수 있다. 미쳤다는 건 온몸을 던지는 것이다. 개울가에서 발만 담그고 참방참방하는 게 아니라 온몸을 풍덩 던져야 '제대로' 미쳤다고 할 수 있다. 살면서 미쳤다는 말을 한 번도 들어보지 못했다면 단 한 번도 목숨 걸고 도전한 적이 없었기 때문이다. 미쳤다는 말을 들을 정도로 자신을 온전히 내던져야 꿈꾸는 목표에 도달할 수 있다.

생명보험의 가치를 알게 된 후 나는 속으로 외쳤다.

'드디어 내 인생을 걸고 해볼 일을 만났구나. 로열 스트레이트 플러시를 잡은 것처럼 내 모든 것을 걸어야겠다.'

지금도 이 생각에는 변함이 없다. 오히려 날이 갈수록 그 신념이 더욱 강해지고 견고해지고 있다. 생명보험의 진정한 가치를 더 많이 경험하며 몸으로 느끼고 있기 때문이다.

40대 후반의 고객 한 분이 암으로 돌아가셔서 문상을 갔을 때였다. 내가 계약한 분은 아니고 다른 라이프플래너에게 인수를 받았던 분인데 사망보험금 액수가 그리 크지 않았다. 오랜 투병 때문에 병원비로 많은 돈을 쓴 데다가 보험금마저 적으니 이제 가족에게 남은 것이라고는 전세금 몇 천만 원이 거의 전부였다. 부인에게 위로의 말을 전한 다음 앞으로 어떻게 사실 거냐고 물었다.

"일을 좀 알아봐야죠."

무슨 일을 할 수 있을까? 결혼 이후 주부로만 살아온 분이 할 수 있는 일은 그리 많지 않다. 자녀는 딸만 셋이었는데 고등학교 3학년과 1학년 그리고 초등학교 5학년이었다. 그 가족의 앞날이 눈앞에 그려졌다. 아빠가 떠나고 없는 힘든 상황에서 이제 아이들은 엄마마저 빼앗기게 될 것이다. 엄마는 생계를 꾸리기 위해서 일을 해야 하기 때문에 예전처럼 늘 옆에서 자녀들을 보살펴주지 못할 것이다. 고3인 아이는 공부 걱정보다 등록금 걱정을 먼저 하게 될 것이다. 보험금이 충분했더라면 아이들은 걱정 없이 공부할 수 있고 엄마를 빼앗기지 않아도 될 것인데 그저 안타깝기만 했다.

내게 보험은 이런 것이다. 얼마의 계약을 하면 내가 얼마의 수당을 챙기는 그런 단순한 일이 아니다. 한 가정의 행복을 보장해주는 일이다. 보험금으로 가장을 잃은 가족들이 희망을 잃지 않고 안정적으로 살아갈 수 있도록 도와주는 일이며 아이들이 아빠의 사랑을 느끼면서 올바른 길로 갈 수 있도록 해주는 일이다. 이런 경험을 할수록 보험에 대한 내 신념은 더욱 강해진다. 그 신념이 강해질수록 나의 열정은 더욱 강해지고 뜨거워진다.

지금 자신에게 세 가지 질문을 던져보라. 그리고 답하라.

첫째, 생계에 대한 고민이 전혀 없다면 나는 무슨 일을 하고 싶은가? 그 일을 통해서 내가 얻고 싶은 것은 무엇인가? 왜 그것을 얻고 싶은가?

둘째, 10억 원의 돈이 생긴다면 나는 무슨 일을 하고 싶은가? 그 일을 통해서 내가 얻고 싶은 것은 무엇인가? 왜 그것을 얻고 싶은가?

셋째, 6개월 동안 (건강하게) 시한부인생을 살아간다면 나는 무슨 일을 하고 싶은가? 그 일을 통해서 내가 얻고 싶은 것은 무엇인가? 왜 그것을 얻고 싶은가?

이 질문들에 대한 답은 당신이 최고의 패를 선택하도록 도와줄 것이다.

| 신념이 있으면 **미치지 않을 수 없다**

'총각네 야채가게'는 이제 모르는 사람이 없을 정도로 유명해졌다. 이영석 사장의 이야기는 방송과 신문에도 여러 차례 소개되었고 책으로도 나왔다. 최근에는 뮤지컬로도 공연되고 있다. 대한민국에서 평당 최고의 매출액을 올리는 총각네 야채가게의 비밀은 무엇일까?

나는 이영석 사장의 신념에서 비롯되었다고 생각한다. 그는 '나는 상품을 파는 것이 아니라 즐거움 판다'고 말한다. 이것이 야채가게에 대한 그의 신념이다. 고객들에게 즐거움을 팔기 위해선 직원들이 즐거워야 한다. 품질이 나쁘면 즐겁지 않으니까 매일 새벽 직접 가락동 시장을 헤집고 다니며 일일이 자르고 먹어봐야 한다. '즐거움을 판다'는 신념이 그의 열정과 성공의 시초인 것이다.

그에게 야채에 대한 신념이 있듯이 나에게는 보험에 대한 신념이 있다. '보험은 현재를 위한 것'이라는 신념이 나를 '밤늦도록 남의 집에서 버티고 있는 징글징글한 사람'으로 만드는 것이다. 다시 말해 생명보험의 가치는 현재에 있다는 믿음이 있었기에 열정어린 행동이 나올 수 있었다. 이런 믿음은 이론으로 알고 있다가 경험을 통해 더욱 강화된다.

새로운 고객과의 초회 면담 때 나는 가망고객의 가족구성, 인생계획, 재무상황 등에 관해 질문한다. 팩트 파인딩(fact finding)이 제대로 되어야 고객에게 맞는 라이프플랜을 설계할 수 있기 때문이다. 두 번째 만남은 고객에게 플랜을 설명하고 계약을 맺는 시간이다. 거의 90퍼센트의 계약이 두 번째 만남에서 이뤄진다. 세 번 이상 만난 고객과 계약할 확률은 10퍼센트밖에 되지 않는 셈이다. 그래서 두 번째 만남이 매우 중요하다.

두 번째 만날 때 내가 좋아하는 장소는 고객의 가정이다. 배우자 중 한 분만 만나면 보장플랜이 마음에 들었더라도 아내 혹은 남편과 상의한 후 결정하겠다고 한다. 상의한 뒤에 연락하겠다고 하는 고객 중 진짜 연락을 주는 경우는 드물다. 가령 아내와만 상담을 진행한 경우 남편은 생명보험의 진정한 가치를 알지 못할 것이다. 아내가 남편에게 내가 제시한 보장플랜을 설명하고 설득시키기는 쉬운 일이 아니다. 설득은커녕 부부싸움으로 이어지는 일도 많다. 아내가 '혹시라도 당신이 잘못될 경우 아이들과 어떻게 살아가라고 반대하느냐'고 말하면 남편은 '지금까지 아무 일 없이 잘 살아왔는데 갑자기 왜 그러느냐'며 '나 죽으면 당신 혼자 호강하려고 하느냐'고 버럭 화를 내기도 한다. 그래서 두 번째 상담 때는 웬만하면 시간이 늦더라도 고객의 집에서 만나자고 한다. 배우자가 옆에 있고 아이들이 뛰어노는 가정은 생명보험의 가치와 필요성을 환기하기에 가장 좋은 환경이다.

그러니 밤 10시에 고객의 가정에서 상담하는 경우도 심심찮게 있다. 10시에 시작한 상담은 종종 새벽까지 이어지기도 한다. 보장플랜을 설명하는 시간이 길어서가 아니라 '내용은 마음에 들지만 좀 더 고민을 해보겠다' '지금은 형편이 안 좋으니 대출금 상환 끝나면 하겠다' '다른 보험사와 비교해보겠다' 등, 이런 말을 꺼내며 고객이 망설이기 때문이다.

새벽 1시가 넘어가면 다음을 기약하고 물러나는 것이 '예의'다. 가까운 친구 집이라도 자고 갈 생각이 아니라면 이 시간에는 나와야 한다. 하지만 내게는 예의보다 더 중요한 것이 있다. 고객은 하룻밤 잠을 자지 못해 내일 하루 피곤하겠지만 생명보험은 그보다 더 중요하기에 나는 포기하지 않고 끊임없이 클로징(보험계약서에 사인을 하는 것)을 시도한다.

미치지 않고서야 남의 집에서 새벽까지 버틸 수 있겠는가. 나라고 그만 쉬고 싶지 않았겠는가. 다음을 기약하고 싶지 않았겠는가. 열정 때문에 낯 뜨거움과 쉬고 싶은 유혹을 이길 수 있었다.

라이프플래너가 된 이후 좀 더 일을 열심히 했으면 좋았을 텐데 하는 아쉬움을 남기는 때가 있다. 이 일을 시작한 지 얼마 안 됐을 때였다. 항공사에서 부기장으로 일하던 친구에게 조만간 생명보험을 권유하리라 생각했었다. 조종사는 위험한 직업이어서 그 당시 가입한도는 1억 원밖에 되지 않았지만 이 친구에게 1억 원을 보장해 주면 아이 둘의 교육자금은 될 수 있겠다 싶었다. 그런 생각이 들었을 그때 바로 친구를 찾아갔으면 얼마나 좋았을까.

1999년 4월 어느 날이었다. 아침에 신문을 펼치니 중국 상하이 공항에서 이륙하던 비행기가 폭발했다는 기사가 1면에 크게 실려 있었다. 설마 하며 시선을 아래로 내리니 친구의 사진과 이름이 눈에 들어왔다. '이럴 수가……' 장례식에 갔더니 아이들은 아무것도 모르고 뛰어놀고 있었다. 부인은 하염없이 눈물을 흘리고 있었다. 너무 미안했다. 이런저런 사정으로 경제적인 여유도 별로 없었다. '내가 조금만 빨리 친구를 만났더라면' 하고 얼마나 후회했는지 모른다. 부조금 몇 푼 내는 것이 아니라 유족에게 큰 힘이 되어줄 수 있었는데 나는 직무유기를 하고 말았던 것이다. 그 이후로 아는 사람들을 좀 더 열정적으로 만나기 시작했다.

오늘 힘들다고, 가망고객이 망설인다고 다음으로 계약을 미뤘다가 내일 그 가망고객에게 사고가 나면 어쩔 것인가. 내일 무슨 일이 생길지는 누구도 모른다. 나의 열정에 한 가정의 행복이 달려 있기에 새벽이라고 물러서서 나올 수가 없는 것이다.

새벽까지 내게 붙들려 있던 한 고객은 이렇게 말했다.

"당신 정말 징글징글하네."

그리고 말을 이었다.

"이렇게 열정적으로 일하는 걸 보니까 믿음이 갑니다. 여기다 사인하면 됩니까?"

자신의 일에 열정적이지 않은 사람은 누구에게도 신뢰받지 못한다. 신념이 있어야 미칠 수 있다. 아니, 신념이 있으면 미치지 않을 수 없다. 저절로 열정에 넘치게 된다. 열정으로 일을 할 때라야 상사와 동료를, 그리고 고객을 감동시킬 수 있다. 신념은 열정을 낳고 열정은 신뢰와 감동을 낳는다.

열정은 자신감을 낳는다

예나 지금이나 보험모집인을 반기는 사람은 드물다. 고객들 대부분은 전화를 하면 보험이 필요 없다고 한다. 겨우 약속을 잡아서 만나면 명함도 주지 않고 더운 여름날에도 시원한 물 한 잔 주지 않는다. 소개해준 사람을 생각해서 깍듯하게 대해주는 이들도 있지만 그들 역시 빨리 돌려보내려고 한다. 오죽하면 호환마마보다 보험모집인이 더 무섭다는 우스갯소리까지 있을까.

사람들에게 보험모집인은 번거로운 존재이며 필요 없는 물건을 끈덕지게 강매하려는 사람이다. 그래서인지 많지는 않지만 보험모집인과의 약속은 지키지 않아도 된다고 생각하는 사람도 있다. 심지어 어제까지 친하게 지내던 친구가 보험 일을 한다는 이유만으로 약속을 꺼리기도 하고 심하게는 비난하는 경우까지 있다.

이 일을 시작한 지 얼마 되지 않았을 때 좋아하고 존경하는 선배에게 심한 말을 들은 적이 있다. 그와 상담하러 갔던 게 아니라 같은 회사에서 일하는 후배를 만나러 갔을 때였다. 선배는 나를 보더니 자기 방으로 들어오라고 했다. 그러더니 다짜고짜 나를 몰아붙였다.

"빨리 그 일 그만둬라. 왜 네가 그 일을 해야 돼냐? 그 일은 아줌마들이 해도 돼. 너 같은 고급인력이 보험을 왜 하느냐 말이야."

보험의 가치를 모르니까 그렇게 말할 수 있다고 생각했다. 어조는 강하지만 그 속내를 들여다보면 다 나를 아껴서 하는 말이라는 건 알 수 있었다. 그런데 그다음 말이 굉장히 충격적이었다.

"왜 남의 피를 빨아먹는 그런 일을 하려고 하냐!"

자신의 방으로 부를 때에는 잘해보라고 격려도 해주고 이왕이면 나도 보험이 필요하다고 말해주기를 내심 바랐다. 그런데 막상 심한 말을, 그것도 좋아하던 선배에게 듣고 보니 마음에 상처가 되었다. 그렇다고 보험에 대한 내 확신이 흔들리지는 않았다. 맹세코 단 한 번도 이 일을 그만두고 싶다는 생각을 해본 적이 없다. 이렇게 상처를 받아 기운이 떨어지면 사무실에 돌아와서 동료와 매니저로부터 위로를 받고 힘도 얻는다. 사무실은 내게 에너지 충전소 같은 곳이다.

이런 일을 겪으면서도 보험 일을 그만 두지 않는 것을 보고 어떤 이들은 '돈독이 어지간히 올랐다'고 생각할지도 모른다. 그러나 돈 때문에 인간적인 모멸감을 참아낼 수 있는 사람은 많지 않다. 1~2년이면 몰라도 장기적으로 힘들다. 드물게 그런 사람이 있을지 모르지만 결코 행복한 삶은 아닐 것이다. 힘든 일이지만 누군가는 꼭 해야 하는 꼭 필요한 일이기에 나는 보람을 느낀다.

나를 달가워하지 않는 사람들을 찾아갈 수 있는 힘은 누구에게나 보험이 필요하다는 확신 때문이다. 그래서 자신 있게 권할 수 있고 반가워하지 않아도 찾아갈 수 있다. 만약 '고객이 내게 보험을 들어준다'고 생각한다면 결코 자신감 있는 태도를 유지할 수 없다. 아쉬운 소리를 하러 가는 사람이 어떻게 당당할 수 있겠는가. 고객은 자신에게 보험이 필요하다는 사실을 잘 알지 못한다. 그래서 나를 반가워하지 않는 것이다. 라이프플래너는 고객에게 그 사실을 알려주는 사람이다.

길 가는 사람을 붙들고 30분만 시간을 내달라고 하면 누구도 좋아하지 않는다. 그런데 붙잡는 사람이 의사이고 진찰을 통해 어디 아픈지, 어떤 약을 먹어야 하는지 알려주면 누구나 고마워할 것이다. 30분 전에는 나를 귀찮게 하던 사람이 30분 후에는 고마운 사람이 되는 것이다.

만나고 싶지 않지만 아는 사람의 소개로 왔으니 만나주겠다, 딱 5분 줄 테니까 보험에 대해 설명해보라고 하는 가망고객이 있었다. 설명을 시작한 뒤 5분이 지났지만 그 가망고객은 나를 쫓아내지 않았다. 내가 가족사랑, 가장의 책임, 인생에 대해 뜻밖의 이야기를 꺼내자 보험 상품에 대해서 이야기할 줄 알았던 고객은 어느덧 마음의 문을 열고 이야기를 즐기고 있었다. 약속했던 5분은 30분에서 1시간으로, 1시간에서 2시간으로 늘어났다. 그 고객이 계약한 것은 물론이고 아는 사람까지 소개해주었다.

직장생활을 하다 보면 갑이 될 때도 있고 을이 될 때도 있다. 갑일 때는 큰소리치지만 을이 되면 왠지 주눅이 들고 목소리가 작아지는 것이 일반적이다. 그러나 자기 일에 대한 확신과 열정이 있는 사람은 갑일 때나 을일 때나 큰 차이가 없다.

내가 갑일 때 을은 내게 필요한 무언가를 제공해주는 사람이다.

식당을 하는 사람은 식재료를 공급해주는 사람에 대해 갑의 입장이지만 그가 없으면 요리를 할 수 없다. 더구나 유난히 신선하고 맛이 좋은 식재료를 공급하는 사람이 있다면 그에게 큰소리 칠 수 있겠는가. 도움을 받으니까 오히려 고맙다고 해야 할 것이다.

내가 을일 때 나는 갑에게 필요한 무언가를 주는 사람이다. 내가 제공하는 상품에 대한 확신이 있다면, 다시 말해 나의 상품이 상대에게 도움이 된다는 확신이 있다면 상대가 반기지 않더라도 자신감 있게 접근할 수 있다. 방금 예로 든 식재료 공급자라면 어떤 식당이든 당당하게 들어가 거래를 요구할 수 있을 것이다.

회사 대 회사의 관계에서든, 회사 내에서든 기획안이나 제품 프레젠테이션을 할 때 열정적으로 말하는 사람은 거기에 대한 확신이 있는 사람이다. 우물쭈물하며 자신감 없는 태도를 보이는 사람은 누구의 신뢰도 얻지 못한다.

지금 그 자리에서 **성공하라**

요즘 많은 부모들은 자녀들이 공무원이 되기를 바란다고 한다. 불안한 직장보다는 안정적인 직장이 좋다는 생각인 것 같다. 정리해고 되는 경우가 없진 않지만 아직까지는 공무원이 안정된 직장인 것만은 사실이다. 하지만 공무원을 바라는 이유가 안정에 있다니 조금은 씁쓸하다. 더구나 공무원을 칭찬하는 사람보다 비난하는 사람이 절대

다수인데도 자녀가 그 직업에 종사하기를 바란다는 것은 아이러니가 아닐 수 없다.

자녀의 직업에 대한 설문조사를 보면 자녀가 자신의 직업을 물려받기를 원하는 사람은 드물었다. 2007년 온라인 취업사이트 사람인과 리서치 전문기관 폴에버가 실시한 설문조사에 따르면 75퍼센트의 직장인이 자녀가 자신과는 다른 일을 하기를 바란다고 답했다. 그 이유는 여러 가지가 있겠지만 적어도 열에 예닐곱은 자신의 일에 대한 가치를 발견하지 못했기 때문인 것으로 보인다.

같이 일하는 라이프플래너 중에도 이와 비슷한 생각을 하는 사람들이 있다. 자녀가 아빠의 직업을 보험모집인으로 쓸 때 마음이 안 좋다고 하는 사람도 있다. '보험모집인'이라는 학부모의 직업을 보고 '정말 훌륭한 일을 하시는구나'라고 아이에게 반응하는 선생님은 찾아보기 힘들다.

아직까지는 보험인에 대한 인식이 부정적인 것은 사실이다.

그러나 나는 내 아이들이 라이프플래너가 되겠다면 적극 권장할 것이다. 때때로 나는 아이들에게 보험의 가치를 설명해주곤 한다. 라이프플래너는 보험과 보험의 가치를 고객에게 전달할 뿐만 아니라 새로운 고객을 만날 때마다 그들에게 뭔가를 배울 수 있다. 매번 새로운 인생을 만나면서 내 인생이 성숙해지는 것이다. 내가 내 직업을 자랑스러워하니까 아이들도 나를 자랑스러워한다. 실제로 내가 이야기하는 보험의 가치를 듣고는 대학 강단에서 내려와 라이프플래너를 선택한 친척도 있다. 경우에 따라서는 고객에게 이 일을 권유하기도 한다. 자신이 하는 일을 소중한 사람에게 권할 수 있다면 자신이 하는 일의 가치를 진심으로 믿고 있다고 봐도 좋을 것이다.

당신은 자신의 일을 어떻게 생각하는가? 일을 할 때 열정이 생기지 않는다면 스스로 다음과 같은 질문을 해볼 필요가 있다.

'나는 이 일을 언제까지 할 것인가? 내가 그리는 성공의 모습은 어떠한가?'

어떤 보험모집인은 몇 년 바짝 벌어서 다른 장사를 할 거라고 한다. 또 어떤 보험모집인은 이 일을 통해 많은 고객을 만들어서 그 인맥을 이용해 다른 비즈니스를 할 거라고 한다. 이런 사람들 중에서 성공적인 성과를 내는 사람을 아직까지 보지 못했다. 몇 년 바짝 벌기는커녕 몇 년 버티지도 못하고 나가떨어진다. 풍부한 인맥은커녕 있던 인맥도 끊어진다. 위 질문에 대한 나의 대답은 평생 동안 라이프플래너로서 일하면서 성공하겠다는 것이다. 현재 하는 일을 적당히 하다가 다른 일을 해야지 하고 생각하는 사람이 열정적이기를 기대할 수는 없다.

두 명의 접시닦이 이야기가 있다. 접시닦이가 원래 자신이 할 일은 아니지만 이 일로 학비를 벌어 졸업한 후에 멋진 일을 할 것이라는 생각을 갖고 일하는 사람과, 자신이 닦은 반짝반짝 윤이 나는 접시에 담긴 음식을 손님들이 맛있게 먹는 것을 상상하며 즐겁게 일하는 사람이 같은 열정을 가질 수 있겠는가. 일본에서 초밥왕으로 소문난 어느 고령의 초밥집 사장이 TV에 출현하여 수십 년 동안 매일 밥을 짓고 생선을 뜨고 초밥을 만드는 같은 일을 반복하지만 한 번도 힘들다고 느껴본 적이 없다고 말했다. 자신이 정성껏 만든 초밥을 손님들이 맛있게 먹는 것을 보면 그렇게 즐겁고 행복할 수 없다고 했다. 자신의 일을 열정적으로 즐기며 해왔으니 크게 성공할 수밖에 없었을 것이다.

평생 지금 하고 있는 일을 하겠다고 생각하면 해야 할 일도 많고 할 수 있는 일도 많다. 평생 해야 할 일이므로 임기응변으로 넘길 수 있는 일은 없다. 배워야 할 것은 반드시 배워야 한다. 새로운 흐름에 민감할 수밖에 없다. 길게 볼 수 있으므로 장기적인 프로젝트를 계획할 수도 있다. 우공이산(愚公移山)이라고 했다. 10년, 20년 앞을 내다보면 하지 못할 일이 없다.

반면 적당히 하다가 다른 일을 하려는 사람은 반드시 배워야 할 것이 없다. 새로운 흐름에 촉각을 곤두세울 필요도 없다. 언젠가 다른 일을 할 때 쓸모없는 지식이 될 것이기 때문이다.

간혹 한 직종에서 성공한 이후 다른 직종에서 또 다른 성공을 거두는 사람이 있다. 그들의 열정은 타의 추종을 불허한다. 어찌 보면 지금의 일을 천직으로 삼고 일해야 열정이 생긴다는 말을 반박하는 증거처럼 보인다. 그러나 그들은 늘 더 어려운 길을 선택했음을 알 수 있다. 그들은 지금의 일을 완벽하게 하지 못하면 새로운 선택을 할 수 없다는 사실을 알고 있다.

지금 이 일을 적당히 하고 나중에 다른 일을 해서 성공하려는 사람 중에 더 어렵고 힘든 길을 가려고 하는 사람은 없다. 그들 모두는 조금 더 편하고 쉬운 일을 찾으려 하기에 열정이 생기지 않는다.

자신의 일에서 성공하는 모습을 꿈꾸지 않는다면 열정은 생기지 않는다. 적당히 하고 그만둘 일에 인생을 걸고 열정을 바칠 순 없지 않는가. 자녀에게 물려줄 수 있을 만큼 가치 있는 일을 평생 하면서 그 일에서 성공하겠다는 결심만이 열정의 문을 열 수 있다.

열정은 감성과 이성이 결합될 때 그 힘을 발휘한다. 감성에만 의지한 열정은 통제 불가능하며 언제 없어져버릴지 모른다. 이성에 의한 열정은 뜨겁지 못하다. 감성이 이성을 뜨겁게 하고 이성이 감성을 논리적으로 뒷받침할 때 열정을 유지하고 강화할 수 있다. 자기 일의 가치를 찾았다면, 거기에서 열정을 느꼈다면 이제는 그 열정을 강화하고 유지하는 기술을 익힐 차례다.

● 김철웅이 만난 열정

내일을 기대하지만 믿지는 않는다

《1%의 변화가 100% 삶을 바꾼다》의 저자 임임택은 지난 20년 동안 기업체와 각종 단체에서 4000회 이상 강의한 인기 강사다. 기타리스트이자 컴퓨터 음악 연주가인 그가 어떻게 기업체에서 강의를 하게 된 것일까? 그것은 그의 열정적인 삶 때문이었다.

그는 열한 살 때 영양부족으로 오른쪽 눈의 시력을 잃었다. 하지만 그는 좌절하지 않고 학업에 열중했다. 어머니는 나머지 눈도 잃을까봐 등교를 막았지만 그가 학교에 가야 한다고 고집을 부리자 연필과 공책을 빼앗았다. 그래도 그는 학교로 갔다. 일등을 놓치고 싶지 않았고 목표로 했던 중학교에 가고 싶었던 것이다.

기타를 배운 것은 중학교 1학년 때였다. 세계적인 기타리스트를 꿈꾸었던 그는 열심히 연습해 전국기타대회에서 2등으로 입상한 이후 양팔에 200그램가량의 모래주머니를 차고 연습했다. 그런데 또 다른 시련이 찾아왔다. 원인 불명의 면역질환인 베체트병. 그는 왼쪽 눈의 시력마저 잃었다. 그의 나이 스무 살 때였다.

실명 이후 그는 고독과 좌절에 빠졌다. 보고 싶다는 미련을 떨쳐버리기까지 1년의 시간이 필요했다. 1년 동안 방황한 그는 빛에 대한 미련을 버리고 현실을 직시했고 점자로 악보를 외우기 시작했으나 베체트병은 합병증이 심한 병이라 극심한 피부염과 온몸에 난 상처 때문에 앉거나 눕기도 힘들었다. 의사와 가족들은 곧 죽을 거라고 여겼다. 그렇게 8년이 지나는 동안 그가 외운 악보는 2200여 곡이었다. 그는 거기서 멈추지 않았다. 피아노와 편곡, 컴퓨터 음악을 새롭게 공부하기 위해 8년 동안 외웠던 2200여 곡을 포기하고 더 많은 노력과 시간을 투자했다.

10년을 넘기기 힘들다는 베체트병을 이기고 50세가 넘은 지금까지 컴퓨터 음악 연주자로, 오케스트라 편곡자로, 유명 강사로 왕성하게 활동하고 있는 그는 이렇게 말한다.

"지난 30년 동안 오늘이 내 생의 마지막일 수 있다는 생각을 한 번도 잊은 적이 없습니다. 내일을 맞을 수 있을 것이라고 기대는 하지만 믿지는 않습니다. 그래서 오늘 할 일을 결코 내일로 미루지 않습니다."

열정의 시스템을 가동하라

chapter 02

첫 번째 STEP
열정의 강화

더 뜨거워져라, 용광로처럼

열정은 우리의 가슴에 있다.
잠들어 있는 열정은 언제나 깨어날 준비를 하고 있으며 깨어 있는 열정은 언제나 잠들 준비를 하고 있다.
자장가를 부르는 것도 자신이고 기상나팔을 부는 것 또한 자신이다.
열정을 가진 사람들을 보라. 그들은 결코 풀무질을 멈추지 않는다.
자신의 용광로에 끊임없이 새로운 바람을 불어넣고 새로운 에너지원을 공급한다.
목숨이 걸린 일처럼 절실하게 그 일에 몰입한다.
밥을 먹지 않으면 죽는 것처럼 열정은 새로운 바람과 에너지원을 공급하지 않으면 잠들어버린다.

01 열정의 바람개비가 돌 때까지 뛰어라

그는 아침마다 알람시계와 싸움을 한다. 조금이라도 더 늦게 일어나려고 알람을 10분 뒤로 맞추고 다시 5분 뒤로 맞춘다. 젖은 솜처럼 무거운 몸을 겨우 일으켜 세수를 하고 출근한다. 교통체증에 시달리며 겨우겨우 지각을 면한다. 정신을 차리려고 커피를 마셨지만 여전히 몽롱하다. 며칠 전에 산 주식 시세를 확인하곤 한숨을 쉰다. 그렇게 어영부영 오전을 보낸다. 오후가 되니 정신이 좀 차려진다. 몇 시간 일에 집중하고 나면 어느새 퇴근시간이다. 회식이 있는 날은 필름이 끊기도록 술을 마시고 없는 날은 밤늦도록 텔레비전을 본다. 자신의 주가는 떨어뜨리고 연예인의 주가는 한껏 올려주다가 텔레비전보다 먼저 잠이 든다. 다시 지옥 같은 아침.

또 다른 그는 항상 8시 전에 출근한다. 다른 사람들이 출근하기 전 그는 여유롭게 오늘 해야 할 일을 점검한다. 다른 사람들이 커피를 마실 때 그는 이미 업무에 집중하고 있다. 퇴근시간이 되어도 그는 여전히 생기가 넘친다. 퇴근 후 그는 집으로 가지 않고 자신의 몸값을 높이고 미래를 준비하는 데 시간을 할애한다.

둘 중 누가 성공할지는 물어볼 필요가 없을 것이다.

힘들게 하라, **더욱 힘들게 하라**

하루 종일 회사에서 일하고 저녁에는 운동을 하거나 자기계발을 위해 학원으로 가는 직장인들이 늘고 있다. 불안해서 어쩔 수 없이 억지로 하는 사람은 빼고 자발적, 능동적으로 이런 활동을 하는 사람들을 보면 늘 에너지가 넘친다.

중도에 포기하지 않고 계속해 나가는 것도 대단하지만 퇴근 후에 많이 쉬지 못하는데도 열정이 넘치는 것이 더 놀랍다. 주위 사람들은 '정말 백만돌이다. 열정이 차고 넘치는가 보다'고 말하며 자신은 직장생활만으로도 힘이 빠지는데 얼마나 체력이 좋고 에너지가 넘치면 밤에도 공부를 하는지, 무슨 비결이라도 있는지 궁금해 한다.

그러나 순서가 바뀌었다. 힘이 넘쳐서 공부를 하고 운동을 하는 것이 아니다. 그 반대다. 공부를 하면서, 운동을 하면서 새로운 에너지를 충전한다. 힘이 남아돌아서가 아니라 힘을 얻기 위해 하는 것이다. 강한 자가 살아남는 게 아니라 살아남는 자가 강하다는 말처럼 열정이 있어서 퇴근 후에도 활동하는 게 아니라 퇴근 후에도 활동을 하니까 열정이 생기는 것이다.

내가 지난 10년간 비교적 덜 힘들게 일할 수 있었던 원천은 에너지를 끌어올려주는 활동을 했기 때문이다. '김철웅 라이프플래너는 정말 믿음이 간다'고 고객들로부터 칭찬 한마디를 들으면 모든 피로감이 말끔히 날아가기도 하지만 좋은 세미나 등에 자주 참가해서 긍정적 에너지를 많이 채우기도 한다. 내게 제일 큰 힘을 주는 활동은 매년 열리는 MDRT 연차총회에 참가하는 것이다. 이 대회에 참가하려면 MDRT 회원이 되어야 한다. 그래야 참가 자격이 주어진다. 보험영업을 시작한 이래 2000년 샌프란시스코 연차총회부터 시작해서 9년 연속 참가했고 2008년 MDRT 10회 달성으로 종신회원 자격을 얻어 2009년 인디애나폴리스 연차총회까지 참가, 한국 최초로 10번의 연차총회에 모두 참석한 최초의 종신회원이 되었다.

MDRT 회원이 되면 연차총회 참가 자격만 주어질 뿐 모든 경비는 본인이 부담해야 한다. 북미지역까지의 비행기 삯에 이런저런 경비를 더하면 몇 백만 원은 쉽게 넘어간다. 거기다 일주일 동안 영업활동을 할 수 없다. 이런 이유 때문에 어떤 라이프플래너들은 참가를 꺼린다. 그러나 그들은 결코 돈으로 환산할 수 없는 엄청난 기회를 놓치는 것이다.

내 열정의 온도는 하루에도 조금씩 오르내리지만 연차총회를 다녀온 직후가 가장 뜨겁다. 단순히 일하는 스킬을 배워온다고 생각하면 오산이다. 연차총회에선 업계에서 최고로 성공한 사람들이 연사로 나와 삶을 어떻게 살아야 하는지, 삶에서 중요한 것들은 무엇인지에 대해 열정적으로 강연한다. 한마디로 감동의 도가니다. 강연을 들으면 엄청난 영감과 에너지가 생길 수밖에 없다. 또 보험업계의 선배들로부터 보험영업에 관한 최고의 정보들을 접하게 되고 행복한 삶에 대한 힌트도 얻게 된다. 그리고 무엇보다도 기라성 같은 이들과 함께하면서 스스로를 자랑스럽게 느낀다.

수십 년 동안 일한 사람들을 만나면 내 미래의 모습과, 국내에서 보기 힘든 경우들을 직접 확인할 수 있다. 비즈니스뿐 아니라 인생에서 성공한 모습, 내가 되고 싶은 모습을 만나는 것이다.

2005년 미국 뉴올리언스 컨벤션센터에서 우연히 만난 잎 베이커는 내게 신선하고 뜨거운 충격을 주었다. 얼른 보기에 70세는 되어 보이는 그에게서 고수의 기운이 느껴졌고 그 나이에도 현역으로 활동하고 있다는 게 놀라웠다. 평생 라이프플래너로 일하고 싶은 나였으니 허투루 보이질 않았다. 한편으로 부럽기도 했다. 조심스럽게 몇 년째 일하고 있는지 물었다.

"Sixty seven years."

나이를 물어본 게 아니었는데 잘못 들은 것 같았다. 그래서 다시

한 번 물었더니 같은 대답이 돌아왔다. 그는 무려 67년 동안 일하고 있었고 나이는 90세였다. 41년째 총회에 참가하고 있는 종신회원이기도 했다.

그는 놀라서 서 있는 내게 하루에 몇 시간씩 일하느냐며 자신은 지금도 8시간씩 일한다고 말했다. 그러면서 자전거 페달을 멈추지 말라고 했다. 멈추면 쓰러진다는 것이다.

총회 마지막 날 8000명이 모인 강연장에 자전거를 타고 나타난 베이커는 청중들에게 '자전거 페달론'을 강조했다. 그는 연단을 천천히 한 바퀴 돈 후 말했다.

"자전거 페달을 계속 밟으세요. 결코 멈추지 마세요."

그는 100세를 넘어서도 활동하겠노라는 이야기를 덧붙였다. 살아가면서 때로는 한마디의 말이 인생을 바꾸어놓기도 한다. 당시 나는 보험업계에 입문한 이후 전력 질주해오며 이룬 자그마한 성공에 우쭐해져 자만에 빠져 있었는데 90세 노인의 뜨거운 열정 앞에서 뒤통수를 맞은 것 같은 느낌을 받았다. 베이커와의 만남 덕분에 엄청난 에너지를 채울 수 있었고 내가 걸어가야 할 길을 멀리 볼 수 있는 눈을 갖게 되었다.

연차총회뿐만 아니라 MDRT 활동에 참여함으로써 많은 에너지를 충전하고 있다. 지금은 미국 MDRT협회 홍보분과 위원으로서 활동 중이고 지난 1년간 푸르덴셜생명의 회장으로 활동했다. 그 이전에는 한국 MDRT협회 서울·경기 지역위원장, 교육분과 위원장, 홍보분과 위원장 등을 매년 연이어 맡아왔다. MDRT 봉사활동을 통해 업계 동료들이 자부심을 가지고 성공해갈 수 있도록 도움을 줄 수 있다. 어떤 사람들은 영업만으로도 버거울 텐데 어떻게 그런 활동까지 하느냐고 묻는다. 그러나 나는 힘이 들기 때문에 힘을 얻으려고 봉사활동을 한다. 사실 이런 활동을 통해 내가 나누어주는 것보다 동료들에게서 배우고 얻는 게 훨씬 많다. 움직이고 또 움직일 때 나의 열정은 더욱 채워지는 것이다.

힘들어도 활발하게 움직여야 한다. 그래야 새로운 열정을 채울 수 있다. 우리가 힘든 건 대부분 체력적인 면보다는 정신적인 면이다. 정신이 지치면 육체도 지친다. 가만히 있으면 자연스럽게 힘이 빠지고 열정이 식는다. 취미생활이든, 자기계발이든, 세미나 참석이든 활동을 계속하게 되면 집에서 텔레비전을 보며 쉬는 것보다 훨씬 더 많은 에너지를 채울 수 있다. 힘들수록 더 힘들게 활동해야 열정이 식지 않는다.

어린 시절을 떠올려보라. 바람개비를 만들고서 가만히 서 있었던 적이 있는가. 항상 뛰었다. 세찬 바람이 불 때는 그냥 돌아간다. 하지만 내가 원하는 때에 원하는 속도로 바람개비를 돌게 하려면 뛰어야 한다.

열정의 바람개비는 조금 다르다. 어디선가 바람이 불어와 바람개비를 돌려주지 않는다. 열정의 바람개비는 오직 스스로 뛸 때에만 돈다. 열정의 바람개비가 돌지 않는 건 바람이 불지 않아서가 아니라 당신이 뛰고 있지 않기 때문이다.

| 일 자체에서 **에너지를 얻어라**

나는 열정의 바람개비를 돌리려면 직장 밖으로 나가서 뛰어야 한다고 했다. 같은 공간에서 같은 사람을 만나며 비슷한 일을 하면 자칫 슬럼프에 빠지기 쉽다. 동일한 공간과 일, 사람이 줄 수 있는 에너지는 한계가 있으며 때로 열정을 빼앗기도 한다. 그렇다고 내내 밖으로만 나도는 것은 곤란하다.

자칫하면 자신의 열정을 엉뚱한 곳에다 허비할 수도 있기 때문이다. 이런 사람이 있다. 일할 때는 풀이 죽어 있다가 회식자리에만 가면 펄펄 난다. 업무지시를 내리면 마지못해 하면서도 야유회 계획을 짜라고 하면 레크리에이션 강사 뺨치게 잘 짜온다. 친구도 많고 취미도 많아서 퇴근 이후 스케줄은 항상 꽉 차 있다. 열정적인 사람인 것은 맞지만 초점이 어긋나 있다. 그렇게 살기로 선택했다면 어쩔 수 없지만 성공하기는 어려울 것이다.

천재는 노력하는 자를 이길 수 없고 노력하는 자는 즐기는 자를 이길 수 없다고 한다. 자신의 일을 즐길 수만 있다면 성공은 이미 이룬 것이나 다름없다. 그런데 자신의 직업을 즐기기는 참 어려운 일이다. 오죽하면 좋아하는 일을 직업으로 삼지 말라는 말까지 있을까. 그토록 좋아했던 일이 직업이 되면서 지긋지긋한 일이 되기 때문이다.

특별한 노력 없이 흘러가는 대로 일을 하다 보면 자연스레 일이 싫어진다. 다른 직업의 장점은 눈에 쏙쏙 들어오고 내 직업의 단점은 크게 보인다. 가끔 술자리에서 친구들끼리 모여 서로 자신의 직업이 가장 나쁘다고 목소리를 높이는 일도 있다. 어떤 사람은 월급이 적어서 불만이고 어떤 사람은 매번 새로운 아이디어를 내는 것이 힘들다고 하고 또 어떤 사람은 비전이 없어서 불안하다고 한다.

라이프플래너들도 마찬가지다. 매번 새로운 가망고객을 발굴해야 하고 전화를 걸어 약속을 잡아야 하며 직접 만나서 상담을 해야 한다. 이러한 과정 속에서 수많은 거절을 당한다. 정말 힘든 일이 아닐 수 없다. 거절을 당할 경우 때로는 마음에 상처를 심하게 입어 더 이상 사람을 만나는 것이 두려워지기도 한다. 하지만 이러한 힘든 일을 즐길 줄 모른다면 성공은 언제나 남의 이야기가 될 뿐이다. 고객과의 만남을 두려워하거나 거절을 회피하려던 많은 라이프플래너들은 좋은 성과를 얻지도 못한 채 안타깝게도 업계를 떠나버리고 만다.

일을 즐기면서 하려면 자기 일에서 즐거운 부분을 찾아내야 한다. 스스로 찾아내지 않으면 누구도 찾아줄 수 없다. 누구나 즐거움을 느끼는 부분이 각기 다르기 때문에 다른 이의 충고도 소용없다.

나는 지금껏 수많은 거절을 즐기면서 활동해왔다. 가망고객이 거절할 때마다 그가 아직 생명보험의 진정한 가치를 알지 못하기 때문이라 생각했다. 그래서 그에 대한 애정을 가지고 두 번 세 번 다시 설명하려 노력했다. 그래도 계속 거절당하면 가망고객은 김철웅이란 사람을 거절한 것이 아니라 단지 보험 상품을 거절한 것이라고 생각하며 마음에 담아두지 않았다. 그리고 10명을 만나면 3명을 계약할 수 있다는 업계의 황금률을 굳게 믿고 있었기에 이제 또 한 번의 거절을 받았으니 보험계약이 점점 가까워지고 있다고 마음속으로 기쁨의 환호성을 지르며 거절을 즐겼다.

나는 사람을 만나 배우는 데서 즐거움을 찾는다. 매일 새로운 사람, 새로운 삶을 만나 새로운 것을 배운다. 성공한 사람을 만나 그의 삶을 경청하다 보면 간접적으로 인생을 배울 수 있다. 어느 성공한 중소기업 사장님은 젊었을 때 공장에서 일하다가 잘려나간 자신의 손가락을 내보이며 험난했던 인생을 들려주었다. 얼마나 한이 많았던지 내가 관심을 보이며 경청하니 이야기를 늘어놓으며 눈시울을 붉혔다. 상담 중에 고객과 함께 웃기도 하고 때론 눈물을 흘리기도 하는 가슴 뭉클한 교감은 마주하는 이를 좀 더 깊이 이해하게 하고 나를 성숙하게 하는 배움의 원천이 된다.

가톨릭에서 운영하는 청소년 시설 원장으로 있는 한 신부님은 보험 일을 하는 내게 보험의 중요성을 새삼 깨닫게 해주었다. 이탈리아에서 유학한 굉장히 박식한 인텔리 신부님이라 만날 때마다 빈센트 반 고흐의 그림과 삶에 대한 이야기를 흥미진진하게 들려준다. 오래전 그를 처음 만났을 때였다. 부인과 자녀가 없는 데다 삶에서 생기는 재정적 문제가 별로 없을 텐데 굳이 보험을 든다고 하니 궁금해서 물었다.

"왜 생명보험을 들려고 하세요?"

신부님은 생명보험으로 뒤처리를 깔끔하게 하고 싶다고 했다. 언젠가 자신이 세상을 떠날 때 병원비 등 각종 비용이 발생해서 주위 사람들에게 부담이 되지 않도록 모든 비용을 보험으로 처리하고 싶다는 것이었다. 생명보험의 가치를 고객에게서 배우는 순간이었다. 신부님의 그 뜻을 보험에 담아 계약을 도와드렸다. '나 죽으면 그만이지 뭐'라고 말하는 무책임한 가장도 있지만 인생의 마지막까지 지혜롭게 준비해두는 훌륭한 사람들도 참 많다. 이러한 만남을 통해 배우고 또한 즐기니 일에 대한 나의 신념은 점점 더 강해지는 것이다.

| 보람을 **음미하라**

대치동에서 일할 때 사무실 근처에서 구두 닦는 분을 고객으로 모신 적이 있다. 가끔 구두를 맡기기만 하다 한번은 구두를 닦으러 가서 혹

시나 하는 마음에 보험 든 것이 있는지 물어보았다. 적은 액수의 보험을 하나 들었다고 했다. 상담을 한번 받아보라고 했더니 '뜻밖에' 관심을 보였다. '뜻밖에'라고 생각했던 건 내가 아직 초보였기 때문이다. 지금은 모든 이가 제대로 보장받는 보험을 들어야 한다고 생각하며 누구를 만나든 진지하게 접근한다. 그러나 그때는 그의 형편이 어려울 거라고 지레짐작하고는 '혹시나' 싶어 상담을 청한 것이었다.

언제 일을 마치는지 물어보고는 그 시간에 사무실로 오라고 해서 상담을 했다. 상담이 끝나고 나서 그는 자신이 사망했을 때 아이들이 보험금을 받게 하고 싶다며 월불입금이 10만 원이 조금 넘는 보험에 가입했다.

나는 계약서가 작성되면 고객에게 러브레터라는 이름의 유서를 쓰도록 권한다. 보험금이 지급될 때 고객이 가족들에게 남기고 싶은 말을 적는 것이다. 짧은 글이든 긴 글이든, 문장이 유려하건 거칠 건 대부분의 고객은 러브레터를 적은 후에는 눈시울을 붉힌다. 러브레터는 스캐닝되어 회사 컴퓨터에 보관되어 있다가 만일의 경우가 생기면 라이프플래너를 통해 가족들에게 전달된다.

그에게 유서를 쓰라고 했더니 그는 굉장히 멋쩍어하면서 감동적인 러브레터를 적었다. 자세한 내용을 그대로 밝힐 수는 없지만 대략, 만약 자신이 자녀들을 돌보지 못할 경우를 대비해 구두를 닦으며 한 푼 두 푼 번 돈으로 보험을 든다는 내용이었다.

그 글을 보면서 내 마음도 따뜻해졌다. 구두 한 번 닦는 데 2000원이었으니까 보험료 10만 원을 내려면 50명의 구두를 닦아야 한다. 그는 구두 한 켤레를 닦을 때마다 가족에 대한 사랑을 보험으로 옮겨놓는 것이다. 나중에 혹시 그가 세상과 이별하게 되면 내가 보험금 지급을 맡을 것이다. 그때 러브레터를 전달하면서 아이들에게 아버지와 어떤 대화를 나누었는지 말해줄 것이다. 힘든 상황에서도 아이들을 끝까지 지켜주고 싶어서, 아이들이 어려움 없이 공부할 수 있는 상황을 만들어주기 위해 이 보험을 든 거라고.

이렇게 진심으로 가족에 대한 사랑을 보험으로 실천하는 이를 만나면 얼마나 기분이 좋은지 모른다. 보험료가 크지 않더라도 진정으로 소중한 마음을 담을 때에는 수백만 원의 보험계약보다 훨씬 더 가치가 있다고 느껴진다.

보험은 사랑을 담는 그릇이다. 보험료의 크기가 그 사랑의 크기를 결정하지는 않는다. 마찬가지로 보험료가 크다고 가치가 크고 보험료가 적다고 가치가 작아지지 않는다. 오히려 여유가 없는 상황에서 가장이 작은 보험이라도 유지하기 위해서 큰 고통을 참아낸 경우 보험금을 받을 때 미망인과 자녀들은 가장의 엄청난 사랑을 느끼게 될 것이다.

상품만 판다고 생각하면 절대로 기쁨을 찾을 수 없고 즐겁게 일하지 못한다. 내 즐거움이 고작 판매에 따른 수익에 국한된다면 내 인생을 바쳐서 하는 일이 길 가다가 주운 지갑과 무엇이 다르겠는가. 자기 인생의 가치를 고작 그 정도에 머물게 해서는 안 된다. 상품에 생명보험의 진정한 가치를 얹어서 판매하기 때문에, 고객이 가슴에 품고 있는 가족에 대한 사랑을 보험에다 옮겨 담을 수 있기 때문에 이 일이 보람 있고 가치 있는 것이다.

러브레터는 고객이 사망한 후 가족들에게 전달될 때 진정한 가치가 드러난다.

행복한 가정을 일구어가던 40대 초반의 의사가 부인과 함께 보험을 들었다. 만일의 경우가 생겼을 때 사랑하는 가족에게 가장 하고 싶은 말을 러브레터에 담아두라고 했더니 의사 부부는 '설마 나한테 그런 일이 있겠어요?'라고 하면서도 흔쾌히 글을 남겼다. 부인은 안방에서 남편은 거실에서 작성을 마친 뒤 두 사람을 유심히 보니 모두 눈시울이 젖어 있었다. 러브레터를 작성한 후 흔히 볼 수 있는 장면이다. 가족이란 그저 생각만 해도 가슴이 벅차오르고 사랑이 샘솟는 대상이 아닌가.

그런데 보험에 든 지 불과 1년여 만에 그 설마 했던 일이 정말 벌어지고 말았다. 남편이 그만 암에 걸린 것이다. 수년간 투병을 하다가 안타깝게도 끝내 사망하고 말았다.

장례식 며칠 뒤 부인에게 전화를 걸어 러브레터를 전달해 드리겠다고 한 후 고객의 집을 방문하니 부인과 아이들 모두 기다리고 있었다.

"다 모여라. 아버지가 남긴 글이다."

부인은 거실에서 아이들과 편지를 읽으면서 하염없이 눈물을 흘렸다. 러브레터에 사랑으로 넘치는 소중한 메시지가 빼곡히 담겨 있었던 것이다.

러브레터에는 대체로 세 가지 단어가 가장 많이 들어 있다. 고맙다, 사랑한다, 미안하다는 말이다. 보험금은 자녀들에게 닥칠 경제적인 어려움을 해결해주지만 남겨진 러브레터는 정신적으로 큰 도움을 준다. 아빠가 남겨준 몇 줄의 글은 자녀들이 자라면서 어려움을 겪을 때 큰 힘이 될 수 있고 사춘기 때 행여나 삐뚤어지기 쉬운 그들의 마음을 다잡아줄 수도 있다. 그 짧은 한마디가 자녀들이 아빠의 사랑을 느끼며 훌륭한 성인으로 성장하도록 돕는 것이다. 라이프플래너가 사랑의 전도사라고 불리는 이유가 바로 여기에 있다. 생명보험은 그야말로 이 세상을 밝고 아름답게 하는 것임에 틀림없다. 내가 하는 일이 바로 그 일이라고 생각하면 말할 수 없는 보람과 자부심을 느끼게 된다.

죽음을 앞둔 사람에게 무엇이 두려운지 물어보면 주로 세 가지 대답을 한다고 한다. 첫 번째는 죽을 때 고통스러울 것 같다, 두 번째는 죽어서 천국에 갈 수 있을까, 세 번째는 내가 죽은 다음에 남은 식구들이 잘 살 수 있을까 하는 것이다. 첫 번째 두려움은 의사가 해결해준다. 두 번째 두려움은 성직자가 위로해준다. 그리고 세 번째 두려움을 해결해주는 사람이 라이프플래너이다.

장례식장에는 장의사, 세무사, 변호사 등 여러 직업의 관계자들이 찾아와 유족의 어려움을 해결해주지만 모두 대가를 받아간다. 하지만 유일하게 담당 라이프플래너만이 유족에게 돈을 주기 위해 방문한다. 은행은 맑은 날에 우산을 빌려주고 비가 오는 날에는 우산을 도로 거두어가지만 라이프플래너는 억수같이 비가 퍼붓더라도 고객을 위해 큰 우산을 받쳐주는 사람이다.

지금까지 고객 중 다섯 분이나 돌아가셨다. 앞으로 한 해, 한 해 세월이 흐르면서 더 많은 고객이 세상을 떠날 것이다. 평균 일주일에 세 분 이상과 계약을 해왔으니 늙어서는 일주일에 세 분 이상에게 보험금을 챙겨드려야 할 것이다. 인생의 황혼기에 나는 누구보다 바쁘게 지낼 것이다. 고객들은 자신에게 만일의 경우가 생겼을 때 보험금이 정확히 지급되길 바라고 담당 라이프플래너가 그 임무를 완수해주길 희망하기 때문에 나는 건강이 허락하는 한 이를 위해 오래도록 뛸 생각이다. 사랑이 담긴 보험금과 러브레터를 전하는 사랑의 전도사로서 생을 멋지게 펼쳐가는 것이 나의 꿈이다.

자신의 일에서 보람과 기쁨을 찾지 못하면 하루하루가 고달프다. 월급은 사회 초년병 시절에나 즐거움을 주지 시간이 갈수록 그 즐거움은 줄어든다. 지금 자신이 하는 일에서 기쁨을 찾아야 열정이 식지 않는다. 일을 하면서 기뻤던 때를 떠올려보라. 왜 기뻤는지, 왜 보람을 느꼈는지 생각해보라. 거기에 열정의 자산이 있다.

|열정으로 전력 질주하라

2002년 쌀쌀한 어느 봄날 밤 경기도 양주에 있는 한 고객의 집 앞에 차를 세워놓고는 히터를 틀어놓은 채 차안에서 고객을 기다리고 있었다. 며칠 전 부인과 1차 상담을 하고 그날 저녁 8시에 가정방문 약속을 했으나 집 앞에 도착해보니 집 안의 불이 꺼져 있었던 것이다. 고객의 휴대전화도 꺼져 있었다. 그냥 돌아갈 것인가, 아니면 기다릴 것인가? 당연히 기다리는 것이 내 스타일이다.

고객이 약속을 제대로 지키지 않아 일정이 꼬여버리기 일쑤인데 그럴 때마다 무턱대고 약속장소에서 고객을 기다리는 건 정말 힘들다. 하지만 언젠가는 집으로 돌아오지 않겠냐는 마음으로 오기를 부려본다. 2시간가량이 지나자 드디어 고객의 집에 불이 켜졌기에 전화를 걸어 상황을 이야기하니 부인께서 무척 미안해 하며 어서 들어오라고 했다. 그냥 돌아가지 않기를 정말 잘했다는 생각이 들었다. 미안한 마음에 계약을 쉽게 할지도 모르지 않은가.

막상 상담을 시작하니 남편이 무척 부정적이었다. 내 이야기에 귀를 기울이기는커녕 자꾸 생뚱한 이야기를 늘어놓으며 힘 빠지게 했고 훈계까지 했다. 남편을 상담에 집중시키기 위해서 눈에 띄지 않게 여러 방법으로 대화를 이끌어보려 했지만 소용이 없었다. 시간은 벌써 자정이 다 되어가는데 상담은 한 걸음도 나아가지 못했다. 아무래도 남편은 오늘 어렵겠구나 싶었지만 그냥 돌아갈 수는 없었다. 마지막까지 최선을 다해보자는 생각에 이번에는 부인의 보험을 꺼내 들었다. 그런데 뜻밖에도 부인의 보험에 대해서는 쉽게 결정하는 것이 아닌가. 금액은 적었지만 그렇게 절반의 성공을 거두고 돌아왔다.

그런데 수개월 후 그 부인은 뇌졸중으로 쓰러져 말도 제대로 못하고 몸의 반쪽을 쓰지 못하는 상태가 되고 말았다. 그래도 보험을 들어놓았으니 불행 중 다행이었다. 그날 늦은 시간까지 고객을 기다렸던 일, 남편의 거절에 아랑곳 않고 부인의 보험을 권유했던 일이 가능했던 것은 생명보험에 대한 뜨거운 열정이 있었기 때문이다. 포기하지 않는 열정 덕분에 고객을 도울 수 있었다. 부인이 쓰러진 뒤에야 남편은 기꺼이 청약서에 서명을 했다. 그에게 보험의 필요성을 굳이 설명할 필요는 없었다.

브라이언 트레이시의 말처럼 신은 우리에게 선물을 줄 때 고난이라는 포장지에 싸서 준다. 고난을 이겨낼 때마다 어떤 선물을 받게 될지 궁금하지 않은가? 작은 고난에도 쉽게 무너지지 말고 최선을 다해 전력 질주하라. 열정적으로 전력 질주하라.

◎ 김철웅이 만난 열정

미래를 위해 용서할 수 있다

2001년 토론토에서 열린 MDRT 연차총회는 지금까지 참가했던 연차총회 가운데 감명 깊은 강연이 가장 많았다. 특히 킴 푹(Kim Phuc)의 강연이 오래도록 기억에 남는다.

오래전에 어디선가 보았던 사진 한 장, 그 속에 킴 푹이 있었다. 베트남 전쟁 중에 불타는 마을을 뒤로 하고 울부짖으며 도로 위로 달려오는 벌거벗은 여자아이가 바로 그녀였다.

치열한 전투가 벌어지는 마을에서 숨어 지내다가 미군 전투기가 퍼부은 네이팜탄이 마을을 불바다로 만들 때 그녀는 울면서 달려 나왔고 등에 불이 붙어 뼛속까지 끔찍한 화상을 입었다. 그 장면을 사진으로 찍던 AP통신의 기자 덕분에 병원으로 옮겨져 치료를 받을 수 있었다. 그녀는 10년 넘는 세월 동안 무려 17차례나 수술을 받았다고 한다. 정말 끔찍하고 고통스러운 세월이었다.

"고통으로부터 벗어나는 방법은 고통에 집중하지 않는 것입니다."

그녀는 힘든 시간을 극복해냈다.

전쟁 피해자인 그녀를 정치적 도구로 이용했던 베트남 정부 덕택에 그녀는 쿠바로 유학을 떠날 수 있는 기회를 얻었다. 쿠바에서 지금의 남편을 만나게 되고 1992년 결혼식을 한 후 신혼여행 도중 극적으로 캐나다로 망명을 하게 된다. 꿈꾸던 의사를 포기하고 그녀는 자유를 선택한 것이었다. 그 뒤 그녀는 유네스코 친선대사로 임명되어 세계를 무대로 평화를 위해 일하기 시작했으며 '킴 재단'을 만들어 전쟁으로 희생된 아이들을 돕는 일을 하고 있다.

1996년 그녀는 베트남 전쟁 당시 마을에 네이팜탄으로 폭격을 가했던 미군 조종사를 극적으로 만나게 되었다. 오랜 세월 동안 자신을 고통 속에 살게 했던 바로 그 장본인이었다. 하지만 그 조종사는 킴 푹보다 더한 고통의 시간을 보냈다. 그는 그녀에게 용서를 구했고 그녀는 그를 이미 용서했다고 말했다.

"과거를 바꿀 수는 없지만 미래를 위해서 용서할 수는 있습니다."

그녀의 이야기에 가슴이 뭉클해지고 코끝이 찡해졌다. 우리 삶에서 오랜 시간 동안 누군가를 미워한다면 이는 곧 자신을 미워하는 것이란 생각이 들었다. 용서의 마음이 진정 자신을 사랑하는 길이며 자신을 자유롭게 하는 것임을 깨달았다. MDRT는 늘 나에게 배움의 기회를 제공해주고 조금씩 성장하도록 도움을 준다. 그리고 인생을 열심히 살아가고자 하는 열정의 충전소가 되어준다.
한편 강연회 즉석에서 MDRT는 '김 재단'에 2만 5000달러를 기부했다.

02. 목숨이 걸린 것처럼 절실하게 하라

2008년 베이징올림픽이 끝난 후 중국인들에게 가장 감동적인 장면이 무엇이었는지 설문조사를 했다. 1위는 이라크 조정선수들이 같은 유니폼을 준비하지 못해 각기 다른 브랜드의 티셔츠를 빌려 입고 출전한 장면이었다. 2위는 여자 체조선수로는 사상 첫 5회 연속 올림픽 출전이라는 새 이정표를 세운 독일의 여자 체조선수 옥산나 추소비티나의 은메달 획득이었다. 나는 옥산나의 이야기를 하려고 한다.

5회 연속 올림픽 출전이면 선수생활만 벌써 20년이다. 그녀의 나이는 33세. 벌써 감독이 되었어야 하는 나이다. 올림픽에 출전한 여자 체조선수의 나이는 10~18세로 그녀가 처음 올림픽에 출전할 무렵에 태어난 선수들과 경쟁하는 것이었다.

무엇이 그녀를 현역 선수로 남아 있게 했을까? 체조선수로서 이루지 못한 꿈이 있는 것도 아니었다. 그녀는 1992년 바르셀로나올림픽에서 단체전 금메달, 세계선수권대회에서 금메달 3개, 도마 부문에서는 역대 최다인 8개의 메달을 땄다.

그녀가 '다 늙어서도' 선수로 활동하는 이유는 백혈병에 걸린 아들의 치료비를 마련하기 위해서였다. 이를 위해 조국인 우즈베키스탄을 떠나 국위선양 지원금이 많은 독일로 국적을 옮겼다. 체조선수로는 환갑을 넘긴 나이임에도 그녀의 절실함이 33세에 은메달 획득이라는 놀라운 성과를 이뤄내게 한 것이다.

해도 되고 안 해도 되는 일에는 열정이 생기지 않는다. 대충해도 되는 일에도 열정은 생기지 않는다. 반드시 해야 할 일, 최선을 다하지 않으면 안 되는 일에만 온 영혼을 바치게 되는 것이다.

| 끝까지 **타협하지 말라**

감기 환자를 치료하던 의사가 우연히 그 환자에게서 심각한 질병의 증세를 발견했다. 검사를 해보니 수술만 하면 깨끗하게 치료할 수 있는 증세였다. 의사는 환자에게 이 사실을 알리고 수술을 권유했지만 이 증세로 인한 고통을 전혀 못 느끼던 환자는 수술 후의 통증이 싫다며 수술을 거부했다. 의사는 어떻게 해야 하는가? 이 사실을 안 가족들은 어떻게 해야 하는가?

무슨 수를 써서라도 수술을 시켜야 한다. 환자가 완전히 치료가 되지 않더라도 덜 아픈 방법으로 치료를 하자고 하거나 마음의 준비가 될 때까지 기다려달라고 해도 절대로 타협해서는 안 된다. 이때 타협을 한다면 돌팔이보다 못한 의사가 아니겠는가.

그런데 내가 돌팔이보다 못한 의사 같은 행동을 한 적이 있다. 고객과 타협을 해버린 것이다.

내 잘못을 깨닫게 된 것은 아는 이가 심장마비로 사망했다는 날벼락 같은 문자를 받고서였다. 놀라서 병원에 가봤더니 과로와 과음이 원인이라고 했다. 너무나 안타깝고 죄송했다. 그는 사회에서 만난 선배로 이미 10년 전에 보험을 권유한 적이 있었다.

"야, 이거 정말 괜찮다. 뭐 이런 게 다 있냐. 그런데 내가 하긴 할 텐데 몇 달만 기다려주라. 회사가 조금만 안정되면 할게."

당시 선배는 회사를 창업한 지 얼마 되지 않았었다. 얼마 뒤 찾아갔을 때도 여전히 안정이 되지 않고 있으니 조금 더 기다려달라고 했다. 그러고는 한참을 보지 못하다가 5년 정도 지난 다음에 찾아갔다. 그사이 회사의 규모가 제법 커져 있었다. 안정이 된 것이다.

"선배님, 이제 드디어 때가 됐군요."

"그래, 그래. 지금 많이 좋아졌는데 수금이 안 돼서 힘들다. 조금만 더 기다려주라."

그때 더 끈질기게 붙들고 늘어졌어야 했다. 그러고 나서 한두 번 더 만났는데 그때마다 '조금만 더'라고 했다. 그러다 문자를 받은 것이다.

장례식장에 가서 조문을 하고 틈을 봐서 부인과 이야기를 나눴다. 부인과 서로 안면이 없었는데 '푸르덴셜에 있는 김철웅'이라고 소개를 하니 부인은 남편에게 들어 알고 있다고 했다.

"상심이 얼마나 크시겠어요. 사실 제가 보험을 권유했었는데……. 혹시 보험 들어놓은 거 있으세요?"

"사실은 얼마 전에 보험을 들려고 푸르덴셜에 계신 분을 만났어요. 그런데 건강이 나빠서 보험에 들지 못한다고……."

인맥 넓은 선배다 보니 다른 라이프플래너도 알았던 모양이었다.

"건강하실 때 제가 챙겼어야 했는데, 그랬으면 좋았을 텐데, 죄송합니다. 정말 죄송합니다."

이런 일이 생기기 때문에 고객이 거절을 하더라도 주저하지 말고 더 강하게 설득을 해야 하는 것이다. 고객이 다 알아서 준비한다면 나 같은 라이프플래너가 왜 필요하겠는가. 보험의 필요성을 모르는 고객을 설득하는 것이 나의 일이다.

이와 비슷한 일이 2002년에도 있었다. 가입한 지 3년쯤 되는 고객의 전화를 받았다. 목소리가 불안했다. 지금 정밀검사를 받고 있는데 어쩌면 암일지도 모른다는 것이다. 그러면서 어떤 혜택을 받을 수 있는지 물었다.

보험을 들 당시 고객은 20대 후반이었다. 고객의 가정을 방문해서 계약을 했는데 부인과 갓난아기가 너무나 행복해 보였다. 고객은 처음에 내가 제시한 보장내용을 마음에 들어 했지만 그보다 적은 액수로 하겠다고 했다. 지금은 부담스러우니까 형편이 풀리는 대로 늘리겠다는 것이었다. 그때 '무슨 수를 써서라도' 충분한 보장을 받을 수 있는 플랜을 고집했어야 했다. 내가 제시한 플랜을 고집하면 계약을 못하게 될지도 모른다, 나중에 늘린다고 했으니 그때 제대로 된 플랜으로 변경하면 되겠지라며 타협을 해버린 것이다.

얼마 뒤 암 진단을 받았다는 연락을 주면서 고객은 물었다.
"지금이라도 보험을 키울 수 있나요?"
고객도 안 되는 줄 알면서 안타까운 마음으로 물어보는 것이었다. 보험을 들 때에는 불입해야 할 월보험료가 커보였지만 막상 보험을 받아야 할 때가 돼서는 보험금이 너무 작게 느껴진다고 했다. 사람 마음이 원래 그런가 보다. 그로부터 불과 4개월 뒤 화창한 봄날에 그는 사랑하는 아내와 딸아이를 두고 30대 초반의 젊은 나이에 먼 곳으로 떠나고 말았다. 이 고객과의 경험을 통해 나는 만나는 사람들마다 충분한 보장을 준비할 수 있도록 좀 더 애정을 가지고 악착같이 설득하게 되었다.

라이프플래너 일은 진지하게 해야 하는 굉장히 심각한 일이다. 계약 하나 했다고 즐거워할 게 아니고 이것으로 인해 나중에 어떤 일이 생기는지 생각해야 한다. 끝까지 타협을 하지 않으려면 그것이 나중에 어떤 결과를 불러올지 상상할 수 있어야 한다. 라이프플래너의 노력에 따라 한 가정의 운명이 달라지는 것이다.

청소부가 도로에 있는 돌멩이를 작다고 치우지 않으면 바퀴에 튕겨나간 돌이 어디로 날아갈지 모른다. 전기기사가 배선을 대충하면 불이 날 수도 있고 자칫하면 한 가정을 불행으로 몰고 갈 수도 있다. '괜찮겠지'라며 타협하더라도 일이 잘못되지 않는 경우도 있지만 그렇게 일해서는 열정이 생기지 않는다. 대충하는 일에는 열정이 있을 수 없다.

미래와 연결하라

"인생은 선택의 연속이며 현재의 나 자신은 그동안의 선택에 의해서 형성된 것이다. 현재 나 자신의 삶에 대해 만족스럽지 못한 부분이 있다면 과거의 잘못된 선택 때문이다. 따라서 앞으로의 만족스러운 삶을 위해서는 옳은 선택을 해나가야 한다."

미국의 유명한 동기부여가이자 연설가인 밥 트래스크의 말이다. 그의 말처럼 내가 오늘 내린 결정과 그에 따른 행동은 그것으로 끝나지 않는다. 하나의 일을 마칠 때도 그 일은 거기서 끝나지 않는다. 건물을 짓는 사람이라면 건물을 짓고 난 후 세월이 지나 그 건물이 안전하게 철거될 때까지 그의 일은 끝나지 않는다. 어쩌면 다음 세대까지 이어진다. 나무를 심으며 자기 세대만 생각하는 사람은 없다. 다음 세대, 그다음 세대의 삶까지 상상해야 적절한 위치에 알맞은 수종을 심을 수 있다.

라이프플래너 일은 오늘 내린 결정이 미래에 어떻게 나타나는지를 극명하게 보여준다. 이는 더 열심히 일할 수 있는 동력을 주지만 한편으로는 이를 통해 오싹한 경험도 많이 한다.

내가 기존 고객에게 하는 서비스 중에는 실효가 나지 않도록 돕는 일도 포함된다. 실효는 고객이 일정 기간 보험금을 넣지 않는 등의 이유로 고객에게 문제가 생겨도 보험금이 지급되지 않는 것을 말한다. 실효가 나면 물질적으로 입는 손해를 떠나 내가 한 일 자체의 의미가 없어져버리기 때문에 신경을 많이 쓰는 부분이다. 일단 실효가 되면 계약할 때처럼 다시 심사를 받아야 한다. 실효가 된 그 달에 부활시키면 비교적 간단한 절차로 바로 부활이 되지만 그 이후에는 건강상에 문제가 없어야 한다. 그사이 병원 치료를 받았거나 약을 먹었다면 회사에 고지를 해야 한다. 만약 고지를 하지 않았다가 나중에 드러나면 실컷 보험료를 내고도 보장을 못 받을 수 있다.

내 고객 중 한 모녀가 있다. 딸이 어머니의 보험료를 내주고 있었는데 형편이 어려워져 어머니의 보험료를 간혹 내지 못할 때가 있었다. 그럴 때마다 연락을 해서 실효만은 막고 있었는데 끝내 실효가 나고 말았다. 어머니의 연세가 많아서 부활이 쉽지 않을 것 같아

잽싸게 달려갔다. 실효된 당월에는 지점을 방문하면 고지 없이 부활이 가능하다는 규정을 알리면서 보험을 되살리도록 했다. 딸은 힘들게 돈을 구해 보험을 살렸는데 그로부터 4개월이 지난 후에 어머니가 암 판정을 받았다. 한 달만 늦게 부활시켰다면 보장을 받지 못할 뻔했다. 암은 부활 후 3개월 동안 보장이 되지 않기 때문이다.

이런 경험을 간간이 하다 보니 고객에게 문제가 생겼을 때 바로 달려가는 것과, 다른 일부터 처리하고 천천히 달려가는 것의 차이가 얼마나 큰지 잘 알게 되었다.

현재와 미래 사이에는 시간이라는 변수가 있다. 이 변수를 거치면 작은 행동과 생각이 엄청난 결과의 차이로 나타난다. 담뱃불 하나 때문에 울창한 산림이 잿더미로 변할 수 있다. 물 한 방울이면 꺼질 담뱃불이 시간이라는 변수를 거치면 수십 톤의 물로도 끄지 못할 산불이 될 수 있는 것이다.

내가 내린 '사소해 보이는 결정'이 미래에 어떤 일로 다가올지 생각해봐야 한다. 사소하다고 적당히 한 일이 시간이 지나면 어떻게 변할지 상상해봐야 한다. 지금 하는 일을 미래와 연결 지어 생각하라. 모든 일을 절실하게, 열정을 다해 하라.

| 다른 길은 **버려라**

열 가지 재주를 가진 사람 집에 쌀이 없다는 말이 있다. 재주가 많으

니까 이 일 저 일 건드리지만 제대로 하는 일은 하나도 없다는 뜻이다. 제대로 하는 일이 없으니 쌀이 떨어질 수밖에 없다.

절실하게 일하려면 곁눈질을 해서는 안 된다. 이 길이 아니면 다른 길로 간다는 생각을 버려야 한다. 무조건 이 길이다, 이 길에서 끝장을 본다고 결심해야 한다. 그러자면 행동이 필요하다. 하나의 길로 자신을 가혹하게 몰아가는 용기가 필요하다.

나는 대학에서 시작해 대학원, 직장까지 모두 14년을 건설을 공부하고 그 일을 했다. 그 시간 동안 수백 권의 전공서적을 사서 읽었고 틈틈이 정리한 자료도 엄청났다. 세월이 세월이니 만큼 약간은 미련이 있었으니 그것들을 버리지 않고 간직해도 됐을 것이다. 하지만 나는 그것들을 모두 버렸다. 다시 돌아갈 수 없게 지나온 다리를 불태워버린 것이다.

다시 돌아갈 곳이 있으면 절실하지 않을 수도 있다. 그 당시 보험에 인생을 걸겠다고 결심은 했지만 일이 힘들어지면 그 결심이 흔들릴지도 몰랐기에 보험 일에 전념하기 위해 배수의 진을 친 것이다. 이 행동이 라이프플래너가 된 초기에 집중적으로 열정을 쏟아낼 수 있게 한 동력이 아니었나 싶다.

처음에 가진, 이 길 외에는 없다는 절실함은 전력 질주하게 만든다. 하지만 그 절실함으로 계속 전력 질주할 수 있을까? 처음처럼 열정을 그대로 유지하는 것은 어려울뿐더러 그다지 바람직하지도 않다. 시간이 지날수록 절실함의 밀도는 엷어지기 때문이다. 처음의 열정은 새로운 단계로 올라가야 한다.

절실함으로 촉발된 열정을 통해 이룬 성과와 자신감 등은 새로운 열정의 에너지원이 된다. 시작할 때의 열정이 펄펄 끓는 물이라면 한 단계 업그레이드된 열정은 오래 달둔 쇳덩이이다.

한 단계에서 멈추지 말고 끊임없이 새로운 차원의 열정으로 올라가야 한다. 그래야 일이 쉬워지기 때문이다. 로켓은 대기권을 빠져나갈 때까지 거의 모든 에너지를 소비하지만 일단 대기권 밖으로 나가게 되면 적은 에너지로 비행할 수 있는 이치와 같다. 지금 내가 과거에 비해 일을 쉽게 안정적으로 할 수 있는 것은 고객들이 도와주는 탓도 있지만 한편으로는 열정의 차원이 달라졌기 때문이다.

● 김철웅이 만난 열정

할 수 있는 것에 집중하라

2001년 토론토 MDRT 연차총회에서 강연자로 나선 토니 크리스티안슨(Tony Christiansen)은 뉴질랜드 출생으로 아홉 살의 어린 나이에 친구 아버지의 일을 돕다가 끔찍한 열차사고를 당해 두 다리를 모두 잃었다. 하지만 그는 여러 분야에서 정상인도 하기 힘든 활동을 펼치며 놀라운 업적을 이루어내고 있다.

태권도 유단자, 장애인 올림픽 금메달리스트, 자동차경주 챔피언, 서핑 구조요원, 파일럿, 산악인, 스쿠버다이버, 사업가, 저자, 동기부여가로 왕성하게 활동하고 있는 그는 자신이 갖지 못한 것에 집중하는 것이 아니라 자신이 할 수 있는 것에 집중함으로써 삶을 훌륭하게 가꾸어왔다.

"환경을 바꿀 수 없다면 내가 할 수 있는 일은 주어진 환경에서 최선을 다하는 것입니다."

진정한 승자는 환경을 탓하지 않는다. 진정한 승자는 최악의 상황에서도 '왜'가 아니라 '어떻게'를 생각하는 사람이다. 어려움이 생기면 누구를 원망하기보다는 해결책을 먼저 찾고 도전하는 사람이다.

그는 2002년 겨울 두 명의 한국인과 함께 생애 가장 힘든 도전을 감행했다. 시각장애인 여성과 두 손이 없는 남성과 함께 킬리만자로 키보봉 5895미터 정상에 오른 것이다. 그들은 심각한 장애를 가지고 있었지만 장애를 탓하지 않고 스스로 설정한 목표를 이루어냈다.

진정한 장애는 삶에 목표가 없는 것, 안주하려는 마음, 자신감 결여, 포기하는 것이다. 여러분은 혹시 마음에 장애를 갖고 있지 않은지 자신을 돌아보기 바란다.

두 번째 STEP
열정의 마지노선

뜨겁게 버려라, 지키기 위해

소중한 것을 지키려면 먼저 포기하는 법을 배워야 한다.
하나를 선택했다는 것은 나머지 것들을 포기했다는 뜻이다.
포기하지 못하는 자는 아무것도 선택하지 못한다.
나는 일할 때 두 가지를 지킨다. 원칙과 자존감이 그것이다.
원칙을 지키는 것은 단순하고 우직한 열정을 가지기 위해서다.
자존감을 지키는 것은 그것이 내 열정뿐 아니라 내 자신의 마지노선이기 때문이다.

01 **직**선처럼 단순해져**라**

열정이 넘치는 사람들 중에 생각이 복잡한 사람은 없다. 그들은 지나칠 정도로 단순하며 때로는 미련해 보이기도 한다. 융통성이 부족하다는 비난을 받을 때도 있다. 그런데 그런 사람들이 항상 일을 낸다. 단순한 사람들은 우직하게 자신의 길을 밀고 나가며 끝내 이뤄내고 만다.

열정이 부족한 사람, 추진력이 부족한 사람을 보라. 그들은 생각이 많고 복잡하다. 일을 조금 더 잘할 묘안을 짜내느라 복잡한 것이 아니라 조금 더 편할 궁리를 하느라 시간과 열정을 낭비한다. 어떻게 하는 것이 내게 조금 더 이익이 될까 머리를 굴리다가 이도저도 아닌 결과를 만들어낸다. 잘 알다시피 인간의 두뇌는 가장 많은 에너지를 소비하는 곳이다. 머리가 복잡하다는 것은 그만큼 에너지 낭비가 심하다는 뜻이다.

원칙을 지키면 **단순해진다**

머리가 복잡한 걸 원하는 사람은 없다. 일이든 마음이든 단순명쾌하기를 원한다. 단순해지려면 무엇이 필요할까? 그 해답은 원칙이다. 복잡한 사람들은 궁여지책으로 상황에 대처한다. 상황에 따라 유연하게 대처하는 게 아니라 상황마다 편하기 위해, 혹은 작은 이익을 챙기기 위해 잔머리를 굴린다는 뜻이다. 그러니 복잡할 수밖에 없다.

 시장에서 물건을 파는 사람이 있다. 적정가를 붙여놓고 그대로 파는 사람과 적정가보다 높은 가격을 붙여놓고 손님에 따라 물건 값을 다르게 받으려는 사람이 있다. 누구의 머리가 더 복잡하겠는가? 누가 에너지를 낭비하고 있는가?

 하루만 놓고 보면 손님에 따라 다르게 값을 받는 사람이 조금 더 많은 수익을 낼 수 있다. 그런데 1년 혹은 2년이라는 시간을 두고 보면 어떨까? 소비자의 구매 욕구를 파악하는 데 쏟아야 할 열정을, 소비자를 외면한 채 단기간의 수익에 쏟기 때문에 결국 소비자에게 외면당하고 만다. 또 사람에 따라 가격을 다르게 받았다는 사실이 소문날 수도 있다.

 단순해지려면 먼저 원칙이 있어야 한다. 적정한 가격처럼 이 사람 저 사람 눈치 보지 않고 지킬 수 있는 원칙이 있어야 한다. 지속적으로 원칙을 준수하려면 그것이 왜 원칙으로 굳어져야 하는지 알아야 한다. 그래야 지킬 수 있다. 지켜야 할 이유를 모르는 원칙은 결코 지속될 수 없다.

내가 일하면서 지키는 원칙 중 가장 중요한 것은 정직하게 일하는 것이다. 이 원칙을 지켜야 하는 이유는 라이프플래너에게는 롱런이 중요하기 때문이다. 이것이 지켜지지 않으면 절대 일을 오래 하지 못한다. 고객은 롱런하는 라이프플래너를 원한다.

보험인들이 이 원칙을 지키지 못하는 것은 '계약 한 건에 대한 욕심' 때문이다. 정말 화려한 실적을 거두다가 한 방에 떨어져 나가는 보험설계사들을 주위에서 본다. 계약 하나 할 욕심으로 상품의 장점만 설명했다가 나중에 들통이 나서 낭패를 보기도 한다. 고객에게 받은 보험료를 자신이 급한 곳에 돌려쓰는 경우가 있는가 하면 부업으로 고객에게 투자를 유치하기도 한다. 이 모두가 징계의 대상이다. 단순히 징계 때문에 길게 일하지 못하는 것은 아니다. 여러 갈래로 뻗어 있는 복잡한 머리로는 열정을 유지할 수 없기 때문이다. 그리고 원칙에 어긋난 행동들은 차곡차곡 쌓였다가 발목을 잡는다.

나에게도 항상 '유혹의 손길'이 뻗친다. 첫 회 보험료를 대신 내달라고 고객이 요구하는 경우가 있다. 대신 내주면 계약을 하고 그렇지 않으면 계약하지 않겠다고 '엄포'를 놓는다. 다른 사람들도 다 그렇게 한다는 말도 덧붙인다. 그러면 나는 단호하게 대답한다.
"아닙니다. 보험료는 절대 내드릴 수 없습니다. 제 영업 철칙입니다. 대신에 고객님께 그보다 더 큰 선물을 드리겠습니다. 그건 제가 오래도록 고객님 곁에 있어 드리는 것인데요, 어떠신지요?"
고객 대부분은 이렇게 답한다. "아, 그게 더 좋겠군요."
고객들은 보험금 지급과 관련된 나쁜 기억을 하나씩은 갖고 있다. 직접 경험하지 않았더라도 주변에서 들어서 알고 있다. 계약할 때는 간이라도 빼줄 것처럼 하다가 막상 일이 생겨서 보험금을 탈 때가 되면 온갖 핑계를 대면서 보험금 지급을 미루거나 액수를 줄이려고 하는 일들이 보험업계에 종종 있었다. 또 계약 담당자가 바뀔 경우 계약을 인계받은 사람이 불성실하면 고객이 직접 모든 서류를 알아보고 준비해야 한다. 복잡한 서류는 대개 미비한 점이 있기 마련이어서 몇 번씩 보험사를 찾아야 할지도 모른다. 그러나 내가 라이프플래너로 활동하고 있는 한 내 고객들은 그럴 걱정이 없다. 고객이 연락만 주면 나는 보험과 관련된 모든 일을 철저하고 정확하게 처리하기 때문이다.
나의 원칙을 들은 고객들은 '내 주위에 보니까 다 내주던데'라고 겸연쩍게 말하다가 보험의 의미를 되짚어본다. 그러고는 '아, 이 사람은 뭔가 다르구나. 계약 하나 하려고 편법을 쓰지 않는구나. 믿음이 간다'라고 생각하며 기분 좋게 보험을 든다. 뿐만 아니라 많은 새로운 고객을 소개해주기도 한다.

물론 모든 고객들이 내 원칙을 듣고 신뢰하지는 않는다. '첫 회 보험료는 설계사가 내주는 것'이라고 강하게 믿고 있는 고객, 그래야 손해 보지 않는다고 생각하는 고객은 내가 롱런을 이야기해도 설득되지 않는다. 그러면 나는 계약을 포기한다. 계약을 포기함으로써 원칙을 지킨다. 원칙을 지킴으로써 내 열정을 지킨다.

내가 이 일을 오래할 수 있는 건 원칙을 어기고 타협하지 않기 때문이다. 단 한 번도 이 원칙을 어겨본 적이 없다. 그래서 나는 어디서 누구를 만나든 당당하게 고객을 대할 수 있다. 적은 액수의 계약에서는 원칙을 지키고 큰 건에 대해서는 지키지 않는다면 어떨까? 새로운 고객을 만날 때 자신이 없을 것이다. 혹시 이 사람이 내가 보험료를 대납해준 사실을 알고 있지는 않을까 머리를 굴려야 한다. 원칙을 지키면 열정이 쓸데없이 낭비되는 것을 막을 수 있다.

| 성과를 포기하더라도 신뢰를 선택하라

고객이 보험료를 넣지 못해 실효가 나는 경우 빨리 고객을 찾아가서 부활시켜야 한다. 유지 의사가 없으면 모르겠지만 보험을 계속 유지하고 싶은데 이러저러한 사정으로 못하고 있으면 불안하다. 몇 년 동안 힘들게 돈을 내다가 며칠간 실효가 난 사이에 고객에게 무슨 일이 생기면 큰일이지 않은가. 물론 고객의 책임이긴 하지만 라이프플래

너로서 나는 고객을 곁에서 잘 챙겨야 한다.

안성에 사는 한 고객에게 두 달분 보험료 미납으로 실효가 난 적이 있다. 휴대전화로도 집으로도 연락이 되지 않았는데 일주일이 지나서야 연락이 닿았다. 일단 실효가 나면 그냥 돈만 입금하면 되는 게 아니라 서류 절차가 필요하다. 그래서 고객을 만나기 위해 있는 곳이 어딘지 물었다. 60세가 넘은 그 고객은 골프장에서 필드를 손질하는 일을 한다고 했다. 골프장 이름을 알려주면 그쪽으로 가겠다고 했더니 정확한 이름을 모르니 내일 골프장에 가서 전화를 주겠다고 했다. 만날 때 3개월분의 보험료를 준비해야 한다는 사실을 알렸다.

"두 달분밖에 없는데······."

보험 액수가 월 10만 원이라서 어지간하면 마련할 수 있을 것 같았는데 웬일인지 안 된다고만 했다. 서로 '그럼, 어떡하죠'라는 말을 반복하다가 지점을 직접 방문하는 방법이 생각났다. 라이프플래너에게 보험료를 주면 미납된 두 달분과 이번 달 보험료를 내야 하지만 지점을 방문하면 미납된 두 달분 보험료만 납부하면 되었다. 그래도 수원에 있는 지점을 방문하려면 불편할 테니 내가 가겠다고 했지만 고객은 지점을 방문하는 것으로 결정했다. 수원 지점의 주소를 알려주고 전화를 끊었다.

며칠 뒤에 활동을 마치고 사무실로 돌아오니 비서가 항의 전화를 받았다고 했다.

'수원 지점에 가고 싶은데 못 찾아가겠다. 어딘지 알지도 못하는데 어떻게 찾아가나. 김철웅 씨, 실망이다.'

안성의 고객이었다. 그 이야기를 듣고 바로 전화를 걸었다.

"내일 수원 터미널로 가면 김철웅 씨가 데리러 올 수 있어요?"

"네, 가겠습니다."

다음 날 가서 만난 고객은 수원 지점 앞에서 기분이 풀린 목소리로 말했다.

"보세요. 내가 여길 어떻게 찾겠어요?"

지점이 있는 곳은 수원에서 제일가는 번화가다. 연세를 감안하더라도 충분히 혼자서 찾아갈 수 있는 곳이다. 그래도 고객은 항상 옳다.

보험을 되살리고는 기분이 더 좋아졌는지 사과를 했다.

"아이고, 바쁠 텐데 여기까지 오라고 해서······."

"아닙니다. 안성보다 수원이 더 가까운데요, 뭘."

그랬더니 울산에서 일하는 아들 보험을 들어주겠다며 아들 주민번호를 받아 적으라고 했다. 자신이 돈을 내는 거니까 그냥 하면 된다고 했지만 나는 본인과 직접 상담해야 한다면서 전화번호를 받았다. 고객은, 그러면 마침 다음 달에 남편 칠순 잔치가 있어서 아들이 올 테니 그때 집으로 오라고 했다. 이처럼 작은 일에도 정성을 다하면 뜻밖의 선물을 받을 수 있다.

사실 수원으로 가던 날 신규 고객과의 상담 약속이 잡혀 있었다. 새로운 고객이 나에게 더 좋을 수도 있지만 기존 고객을 우선순위에 두는 것이 나의 원칙이다. 기존 고객도 챙기지 못하면서 새로운 고객을 얻어봐야 무슨 소용인가. 기존 고객에게 신뢰를 잃으면서 어떻게 새로운 고객에게 신뢰를 줄 수 있겠는가. 상담 약속을 깬 것은 죄송하지만 보험설계사와의 상담 약속이 미뤄졌다고 불쾌해 하는 가망고객을 본 적은 거의 없다. 그렇지 않아도 약속을 깰 궁리를 하고 있는 경우가 대부분이기 때문이다.

고객이 불편해 할 때 적극적으로 돕자는 원칙 덕분에 새로운 고객을 또 얻게 되지만 그렇다고 항상 눈에 보이는 이익이 생기지는 않는다. 종종 실적이 떨어질 때도 있다. 그러나 실적의 등락보다 더 중요한 것은 누군가로부터 깊은 신뢰를 받는 것이며 이때야 말로 열정이 샘솟고 진정한 보람을 느끼는 순간이다.

우리가 중요하게 생각하는 인맥에도 같은 원칙을 적용할 수 있을 것이다. 어떤 사람들은 많은 인맥이 재산이라며 각종 모임에서 새로운 인맥 만들기에 열을 올린다. 그러나 기존 지인들에게 안부전화도 안 하고 자주 만나지도 않으면서 새로운 인맥 발굴에만 신경을 집중하면 어떤 인맥도 유지할 수 없다. 관계 자체가 아예 끊어지거나 그렇진 않더라도 데면데면한 사이가 되기 일쑤다. 그런 관계는 인맥으로서 가치가 없다.

끈질기게 지켜라

원칙은 모든 판단과 행동의 기준이 된다. 다른 모든 규칙의 근간이 된다. 헌법이 한 국가가 추구하는 기본 가치를 규정하고 있다면 개인의 원칙은 그 스스로 추구하는 기본 가치를 규정하고 있다. 따라서 원칙을 지키지 않는 것은 주춧돌 없이 집을 지으려는 것과 같다.

내가 지난 10년 동안 큰 탈 없이 매년 목표를 이루며 성공적으로 일할 수 있었던 것도 원칙을 지키려고 했고 도리에 맞지 않는 일은 하지 않으려 했기 때문이다.

초창기에 어느 사장님을 고객으로 모셨다. 보통은 내가 집에서 두 번째 상담을 하자고 하고 고객들은 이를 꺼려하는데 그는 자신이 먼저 집에서 보자고 했다. 부인과 함께 들어야 한다는 것이다. 집으로 불러주는 것만도 황송한데 저녁상까지 차려주었다. 맛있게 저녁을 먹고 즐겁게 상담하고 기분 좋게 계약을 했다. 또 많은 지인들을 소개받았다.

며칠 뒤 계약서를 수정할 일이 생겼다. 간단한 변경 사항이었는데 그렇더라도 고객의 서명을 받아야 했다. 그냥 내가 서명한 후 고객에게 그 사실을 알리면 어떨까 하는 생각이 잠시 들었지만 무조건 원칙대로 하자고 결정했다. 바늘 도둑이 소 도둑 된다고 사소하다고 원칙을 무시하면 나중에는 큰일에서도 원칙을 무시하게 된다.

고객에게 전화를 걸어 계약서를 수정한 다음에 서명을 받아야 한다고 말했다.

"아, 요즘 너무 바빠서 시간이 안 되는데 나중에 보면 안 될까요?"

얼마 뒤에 다시 전화를 걸었다. 이번에는 집안 행사 때문에 전주에 내려가 있는데 거기서 며칠 머물 계획이라고 했다. 수정하는 것도 기한이 있기 때문에 더 이상 기다리다가는 안 되겠다는 생각이 들어 멀지만 당장 만나러 가야겠다고 마음먹었다.

"위치를 알려주시면 제가 그쪽으로 가겠습니다."

"톨게이트 근처긴 한데 나야 편하지만 괜찮겠어요?"

"그럼요, 괜찮습니다. 근처에 만날 만한 장소가 있을까요?"

우리는 전주톨게이트 부근 만남의 장소에서 만났고 고객은 1초 동안 정말 '서명만' 했다.

"끝난 거요?"

"네, 끝났습니다."

"아니, 고작 이것 때문에 여기까지 내려온 거예요?"

"제가 사장님 뵈러 어딘들 못 가겠습니까. 하하."

일부러 너스레를 떨었다.

"정말, 대단하네."

그 후 그는 나를 만날 때마다 그때 이야기를 꺼낸다.

"내가 보험 하는 사람 많이 봤지만 당신 같은 사람은 처음 봤어요. 별 것도 아닌 일로 …… 다른 사람 같으면 그냥 슬쩍 하고 말았을 텐데. 정말 프로답다는 생각을 했어요."

그는 이러한 신뢰를 바탕으로 몇 차례 보험을 크게 늘렸고 사업이 점점 번창하자 최근에는 아주 큰 계약 상담까지 나에게 맡겼다. 사소하지만 원칙을 지키는 모습 덕분에 지난 10년간 소중한 사람들과 좋은 관계를 계속 유지할 수 있었다. 물고기에게 물이 필요하듯 라이프플래너에게는 고객의 신뢰가 생명처럼 중요하다. 작은 일로 신뢰가 쌓이기도 하고 사소한 실수로 오랜 시간 쌓아온 믿음이 무너지기도 한다. 작은 일도 성실히 하고 자신의 원칙을 끈질기게 지키면서 쌓은 신뢰는 큰 선물이 되어 돌아온다는 사실을 명심해야 한다.

● 김철웅이 만난 열정

고난 너머에 있는
꿈에 집중하라

2001년 토론토에서 열린 MDRT 연차총회에서 로넌 타이넌(Ronan Tynan)을 알게 되었다. 그가 들려준 그의 삶은 나에게 엄청난 충격을 주었다.

그는 태어날 때부터 다리가 기형이었다. 그런데도 운동을 잘해서 승마경기에서 좋은 성적을 거두었다고 한다. 스무 살이 되던 해 이 활기찬 젊은이에게 더욱 가혹한 시련이 닥쳐왔다. 교통사고를 당한 후 합병증으로 인해 두 다리를 절단해야 했던 것이다.

그러나 이 시련은 그를 꺾지 못했다. 그는 퇴원하자마자 인공 다리로 대학교 기숙사 계단을 '등반'했다. 그것을 시작으로 1981~1984년에 장애인올림픽 등에서 무려 18개의 금메달을 따냈다.

육체의 한계를 극복한 그는 의대에 진학했다. 의사가 된 후 개인병원을 운영하던 그는 미래가 보장된 안정적인 직업을 버리고 성악가가 되겠다는 새로운 도전을 실행에 옮겼다. 지금 그는 세계적인 테너가 되었다. 로널드 레이건 대통령의 80회 생일에 초청되었으며 줄리아니 전 뉴욕시장의 결혼식에서 축가를 부르기도 했다.

그의 삶은 용기와 도전 그 자체였다. 무엇이 그가 두려움을 이겨내고 끝내 자신의 꿈을 이룰 수 있게 했을까?

"살아가면서 어떤 어려움을 겪었든 그건 별문제가 아닙니다. 중요한 것은 그 어려움을 어떻게 이겨냈는가 하는 것입니다."

그는 자신에게 닥쳐온 불운을 원망하지 않고 그대로 받아들였다. 그리고 그것을 어떻게 극복할 것인가에 인생의 초점을 맞추었다. 고난에 집중하는 사람은 고난을 이기지 못한다. 고난 그 너머에 있는 꿈에 집중하는 사람만이 고난의 파도를 넘을 수 있다.

02. 자존감의 마지노선을 지켜라

쓸데없이 자존심을 지킬 필요는 없다. 그것은 허세에 불과하다. 그러나 자존감, 즉 자기존중감이 손상되는 일은 없어야 한다. 자신을 존중하지 않는 사람이 뜨거운 열정을 가질 수는 없다.

열정은 내 안에 있다. 나 자신이 열정의 본거지이다. 전쟁에서 진지가 무너지면 후퇴해야 하는 것처럼 자존감이 다치면 열정은 어디론가 숨어버린다. 고객이 라이프플래너로서의 내 자존감을 손상시킬 수 있는 무리한 요구를 할 경우 나는 이를 단호히 거부한다. 만약 심한 상처를 받게 되면 하루의 성과를 포기하고 자존감을 돌아본다.

직업인으로서의 자존감을 지켜라

중소기업에서 일하는 한 팀장을 상담했을 때였다. 소개를 받고 가서 상담을 했는데 반응이 시큰둥했다. 자세한 개인정보도 알려주지 않았다. 라이프플래너는 고객에게 의사와 같은 사람이다. 고객이 자신의 상태를 정확하고 자세하게 알려주지 않으면 처방을 내리기 힘들다. 기분이 별로였다. 자신을 오픈하지 않는다는 것은 나를 신뢰하지 않는다는 뜻이기 때문이다.

부족하나마 고객이 제공해준 정보로 플랜을 짰다. 중소기업 팀장이라는 상황도 고려 대상에 포함됐다. 그의 가족들을 떠올리면서 이럴 때 이 정도는 준비해야 하지 않을까 하는 생각으로 설계를 했다. 이제 플랜을 설명해야 하는데 약속이 잡히지가 않았다. 연락이 잘되지 않는 것은 물론이고 연락이 되어도 바쁘다며 계속 만남을 연기했다. 그렇게 수차례 통화를 한 끝에 드디어 약속이 잡혔다.

그런데 약속장소에 도착해서 전화를 하니 통화가 되지 않았다. 이런 경우 정말 연락이 안 되는 경우도 있지만 일부러 받지 않을 때도 있다. 사무실로 전화를 걸었더니 통화가 되었다.

"오늘 오후에 약속하신 거 기억하시죠?"

"예, 그럼요."

대답이 떨떠름했다. 그러면서 지금 너무 바빠서 잠깐밖에 시간이 나지 않는다고 했다. 100퍼센트 확신할 순 없지만 그렇게 바빠 보이지 않았다. 빨리 설명하고 가라는 것인데 그러고 싶지 않았다. 고객이 설명을 듣고 싶은데도 정말 바빠서 시간을 낼 수 없다면 몰라도 바쁘다는 것이 핑계라면 잠깐 설명하거나 자료만 건네주고 돌아갈 수는 없다. 이럴 땐 여유로울 때 다시 오겠다고 한다.

나는 보장플랜을 중요하게 여긴다. 고객의 꿈, 가족, 재정상황뿐만 아니라 행복까지 고려하며 플랜을 짠다. 다른 누구를 위해서가 아니라 그 고객 단 한 사람을 위해서이다. 이렇게 중요한 플랜을 듣지도 않을 사람에게 설명하고 싶지는 않은 것이다.

"이건 팀장님 가족의 재정안정에 관한 것이기 때문에 간단하게 설명할 수도 없고 그리고 싶지도 않습니다. 시간을 두고 충분히 듣고 내용 하나 하나를 잘 이해하셔야만 판단하시기에 좋습니다. 다음에 시간을 한번 내주십시오."

그때부터 그 고객과 나의 줄다리기가 시작되었다. 고객은 자료를 두고 가면 읽어보겠다고 했고 나는 그럴 수 없다고 버텼다. 아이의 결혼자금, 생활자금, 교육자금 등 가장이 잘못되었을 때 남은 가족에게 어느 정도의 자금이 필요한지를 꼼꼼히 설명해야 생명보험의 필요성과 진정한 가치를 일깨울 수 있다. 설명 없이 그냥 자료만 건네받은 고객은 대부분 월불입액 정도만 확인한 후 바로 서랍 속에 묻어두기 일쑤다. 진정 고객에게 도움을 주려면 고객과 함께 인생에 대해서 진지하게 몰입하는 시간을 가져야 한다. 하지만 그 고객은 자기가 이 정도 자료도 이해하지 못할 것 같냐며 보장플랜을 달라고 했다.

"이 플랜은 제가 팀장님과 가족들을 생각하며 오랜 시간 공들여 만든 것입니다. 팀장님에게 무슨 일이 생기면 어떤 준비가 필요할지 생각하면서 만든 것이라 이 플랜이 가진 최소한의 의미라도 팀장님께서 아셨으면 하는 마음입니다. 제가 설명 드리지 못하면 제가 준비한 게 의미가 없습니다."

그랬더니 그는 화를 벌컥 냈다.

"마음에 들면 한다니까요. 이왕 준비한 거 설명하고 가나 자료만 주고 가나 똑같은 거잖아요. 내가 시간 날 때 검토하고 연락한다니까 그러시네!"

화를 내는 고객의 모습을 보며 나는 라이프플래너로서 내 마지막 자존감을 지켜야 한다고 생각했다. 자료만 주면 내가 공들인 의미가 없어진다. 서류만으로 다 설명이 된다면 라이프플래너가 있을 필요가 없다. 서류만 건네고 만다면 스스로 '나는 보험 영역에서 별 필요가 없는 사람'임을 인정하는 꼴이다.

이럴 때는 보장플랜을 주지 않아야 스트레스를 덜 받고 슬럼프에 빠지지 않을 수 있다. 어떤 라이프플래너는 이런 상황에서도 혹시나 하는 마음에 자료를 넘겨주고 온다. 그러나 연락이 올 가능성은 1퍼센트도 되지 않는다. 그 1퍼센트의 가능성 때문에 라이프플래너로서의 자존감을 버릴 수는 없다. 연락이 오지 않을 경우 자존감은 크게 손상된다.

업무보다 자신을 먼저 돌보라

보험 일을 시작한 이래 포기하고 싶은 적은 한 번도 없었다. 후회한 적도 없다. 일을 할수록 이 일에 감사하게 되고 제대로 길을 왔다고 생각하게 된다. 그러나 가끔은 하루 업무를 포기하기도 한다.

이상하게 꼬이는 날이 있다. 어느 날 한 선배를 만났는데 그는 보험에 대해 부정적이었다.

"솔직히 나 죽으면 그만이지. 나는 그런 거 생각 안 해."

이 정도의 거절에 꿈쩍할 내가 아니다. 이런저런 예를 들어가며 설명을 했더니 선배는 약간 꺼림칙하게 말했다.

"그래그래, 하나 짜 와봐"

얼마 후에 선배를 만나 보장플랜을 설명했다.

"괜찮네. 검토해보고 연락할게."

클로징을 시도했지만 먹히지 않았다. 통화와 연기가 몇 번이나 반복된 끝에 선배는 계약을 하겠다는 의사를 표시했다.

"그런데 부담되니까 조금만 줄이자. 나중에 늘릴 테니까."

나중에 보장액수를 늘린다는 다짐을 다시 한 번 받고 약속을 잡았다. 그런데 약속한 날 선배는 자리에 없었다. 전화도 받지 않았다. 나중에 통화가 되었을 때 갑자기 급한 일이 생겨서 나갔었다고 했다. 다시 약속을 잡으려고 하는데 대뜸 짜증 섞인 목소리로 말했다.

"야, 솔직히 내가 안 들어줘도 너 할 만하잖아. 내가 꼭 들어줘야 하냐?"

이혼한 선배에게 무슨 일이 생기면 아이에게 심각한 위험이 닥칠지도 모른다는 점을, 진심을 담아 강조했을 때 선배가 100퍼센트는 아니어도 어느 정도는 공감한 것 같다고 생각했다. 그런데 그 선배는 내가 그를 위해서가 아니라 내 밥벌이를 위해 보험 가입을 권유했다고 생각했던 모양이었다. 상담과정에서 기분 상하는 일이 있었음에도 선배와 아이를 위해서 포기하지 않았는데 결국은 듣기에 거북한 말을 듣고 말았다. 그렇게 이야기를 하는데 더 이상 무슨 말을 할 것인가. 더 말하면 내 자신이 비굴하게 느껴질 것 같았다. 마음에 상처만 받고 포기했다.

안 좋은 일은 겹쳐서 온다고 했던가. 심한 상처를 받은 그때 전화가 한 통 걸려왔다. 며칠 전 계약한 보험을 철회하고 싶다는 전화였다. 보험의 필요성을 절실하게 느껴서 계약했지만 그사이 생각이 바뀐 것이다.

"생각해보니까 죽고 나서 3억씩이나 남겨봐야 뭐 하나 싶더라구요. 그 돈으로 펀드를 드는 편이……."

정성을 다해 상담했는데, 그리고 진심으로 한 사람을 변화시켰고

한 가정을 구했다고 믿었는데 도대체 내가 한 일이 뭔가 하는 자괴감이 들었다. 무엇보다 신뢰가 깨져버렸다는 사실이 너무 힘들었다. 이 정도로도 충분히 힘든데 오래 전 계약한 고객으로부터 해약하고 싶다는 전화를 받았고 게다가 사소한 일로 고객의 항의전화까지 받았다. 안 좋은 일은 꼭 한꺼번에 터진다.

이런 날은 아무리 마음을 다잡아도 안 된다. 에너지가 순식간에 바닥나는 것이다. 이럴 때는 하루 업무를 포기하고 조용히 내 시간을 갖는다든지, 일찍 집에 들어가서 아이들과 논다. 영화를 볼 때도 있다. 마음의 상처를 돌보며 스스로 치료하는 시간을 갖는 것이다. 오기로 해약하겠다는 고객을 찾아가 그러지 말라고 설득할 수도 있을 것이다. 그러나 때로는 놓아버리는 것이 정신건강에도 좋고 건강한 에너지를 얻는 데도 유리하다.

어떤 상황에서도, 아무리 어려운 일이 닥쳐도, 아무리 힘들어도 꿋꿋이 버틸 수 있다면 얼마나 좋을까. 안타깝게도 그렇게 버티면서 긍정적인 열정을 유지할 수 있는 사람은 드물다. 열정이 완전히 식어버려서 부정적인 생각만 들거나 자존감에 상처를 받을 때는 한발 물러서는 것이 좋다.

● 김철웅이 만난 열정

지금 바로
도전하라

토론토에서 열렸던 2001년 MDRT 연차총회에서 리즈 머레이(Liz Murray)는 많은 이들의 주목을 받았다. 그의 삶이 너무나도 드라마 같았기 때문이었다.

리즈 머레이는 1980년 뉴욕에서 가난한 집의 딸로 태어났다. 부모는 모두 마약중독자였으며 게다가 에이즈 감염자였다. 생활비의 대부분은 마약구입에 사용되었기 때문에 리즈 머레이는 비참한 어린 시절을 보냈다. 그녀는 아홉 살 때부터 생활 전선에 뛰어들었다. 생활고를 해결하기 위해 식료품점과 주유소에서 일했다.

결국 어머니는 에이즈로 세상을 떠났다 그녀가 열여섯 살 때였다. 아버지는 노숙인시설로 들어갔고 그때부터 그녀는 집 없이 떠돌며 살았다. 거리와 지하철에서 생활하며 꿈을 잃고 살아가던 리즈 머레이는 어느 날 '자신만이 자신의 꿈과 인생을 만들어갈 수 있다'는 깨달음을 얻고 학교에 들어간다.

여전히 잠잘 곳도 없이 학교를 다녔지만 그녀는 학업에 모든 것을 걸고 전념했다. 비참한 환경에서도 그녀의 성적은 아주 우수했다. 결국 그녀는 2년 만에 고교를 졸업하고 뉴욕타임스의 장학금을 받으며 하버드대학에 입학하게 된다.

그녀의 놀라운 결단이 그녀의 미래를 완전히 바꾸었다. 그녀의 이야기는 나중에 '노숙자에서 하버드까지: 리즈 머레이의 이야기'라는 제목의 TV드라마로 제작되었고 그 드라마는 에미상 후보에까지 올랐다.

그녀는 청중들을 향해서 "지금 바로 도전하세요"라고 했다. 그녀가 어려운 환경에서 스스로 자신의 인생을 만들어갔듯이 우리 모두는 어떤 환경에 있든지 우리가 원하는 인생을 만들어갈 수 있다. 인생은 어떻게 시작되느냐보다 어떻게 끝나느냐가 중요한 것이며 삶에 대한 열정으로 우리는 보다 멋진 인생을 만들어갈 수 있다.

방아쇠를 당기듯 본질에 집중하라

총을 쏘려면 방아쇠를 당겨야 한다. 총신을 잡고 흔들어도,
개머리판을 때려도 총알은 발사되지 않는다.
마구잡이로 여기저기 건드리다 보면 우연히 방아쇠를 건드려
총알이 발사될 수 있지만 이 오발탄은 자신을 스스로 다치게 한다.
자기 일의 본질을 파악하지 못하면 얼치기 병사처럼 마구잡이로 총을 쏘게 된다.
열정을 낭비하지 말라. 방아쇠처럼 핵심이 되는 지점에 열정을 집중하라.
집게손가락에 열정을 모으고 가볍게 방아쇠를 당겨라.

01 손에 잡힐 때까지 핵심을 파악하라

우리는 직장에서 많은 일을 한다. 서류를 정리하고 기획안을 만들고 회의하고 거래처 사람을 만난다. 이외에도 사소한 일까지 따지면 수도 없이 많다. 그중에서 당신 일의 핵심은 무엇인가? 그것을 파악하고 거기에 집중해야 한다. 다른 건 몰라도 이것만 있으면 일을 계속해 나가는 데 문제가 없는 것, 다른 것이 다 있어도 이것이 없으면 문제가 되는 것은 무엇인가? 일을 하면서 겪는 어려움의 본질은 무엇인가? 당신이 하는 일의 본질은 무엇인가? 핵심에 집중하면 열정의 크기가 커지고 성과가 올라간다. 잡다한 일에 집착하면 열정을 허투루 쓰게 되고 성과를 기대할 수 없다.

무엇이 필요한가

밤늦게 실례를 무릅쓰고 금방 계약을 끝낸 고객의 집으로 되돌아간 일이 있다. 계약을 했으니 기분이 좋아야 하는데 뭔가 개운치 않았다. 이 기분이 뭔가 하고 곰곰이 생각해보니 새로운 고객을 소개받지 못한 것이었다.

나는 지금껏 소개마케팅을 통해 일을 하고 있다. 소개마케팅은 한 명이 두 명으로, 두 명이 네 명으로 늘어나는 방식이다. 한 사람을 만나면 그에게서 다섯 명 이상을 소개받으려고 한다. 최소한 세 명 이상의 소개를 받아야 한다. 소개가 있어야 내가 상담할 사람이 생기고 상담을 해야 계약이 이뤄진다. 그래서 소개를 통한 가망고객 발굴은 무엇보다 중요하다. 계약보다 더 중요한 것이 새로운 고객을 소개받는 일이다.

계약은 지금 당장 기쁨을 주지만 소개를 받지 못하면 라이프플래너로서 롱런하는 데 문제가 생긴다. 점점 갈 곳이 없어져 언젠가 이 일을 접어야 하기 때문이다.

그래서 계약을 하더라도 소개를 받지 못하면 굉장히 찝찝하다. 계약을 한 후 소개를 요청했을 때 '나는 원래 소개 같은 거 잘 안 해요. 누가 보험 든다고 하면 알려줄게요' 혹은 '저는 다른 사람한테 피해 주고 싶지 않아요'라는 대답을 듣기도 한다.

보험 들겠다는 사람이 있으면 알려주겠다고 한 사람에게서 정말로 전화가 오는 경우는 거의 없다. 피해주고 싶지 않다고 한 경우는 말할 필요도 없다. 그런데 두 경우 모두 보험에 만족하지 않았다는 신호일 수 있기 때문에 위험하다. 그러면 조심스럽게 묻는다.

"과장님, 지금 이 보험에 만족하셔서 계약하신 거 아닌가요?"

고객의 대답 속에 감춰진 마음을 읽어보고 '찾아와서 열심히 설명하니까 계약해준 거다'라는 뜻이 읽히면 나는 스스로 계약을 파기한다. 만족해서 한 계약이 아니면 오래 유지되지 않을 뿐더러 고객에게도 손해이고 내 열정과 커리어에 나쁜 영향을 준다. 고객이 정말 만족했다면 당연히 주변의 소중한 사람들에게 소개해주고 싶어야 한다. 소개는 내일도 일할 수 있게 하는 기본 요소이면서 내가 일을 제대로 했는지, 즉 보험의 가치를 제대로 전달했는지 아는 바로미터이다.

보험에 대한 풍부한 지식을 갖추고 있으며 고객을 만나기만 하면 반드시 설득하고야 마는 뛰어난 고수들이 실적이 나쁜 경우가 있다. 그 원인을 찾아보면 틀림없이 만날 사람이 없는 경우다. 소개받는 일을 게을리 했기 때문이다. 아무리 열심히 칼날을 갈아도 싸울 상대가 없는 무림의 고수는 한낱 실업자일 뿐이다. 만날 사람을 만드는 일이야말로 보험업계에서 살아남을 수 있는 최고의 핵심이며 쉬워 보이지만 정말 쉽지 않은 일이기도 하다. 가망고객을 매일매일 확보하는 것이 곧 진정한 실력인 것이다.

가망고객 발굴의 가장 일반적인 방법인 소개가 얼마나 중요한가는 우리 일의 프로세스를 보면 더욱 명확하게 드러난다. 먼저 가망고객에게 전화를 걸어 약속을 잡는다. 첫 번째 상담에서 보험의 가치를 설명하고 고객의 정보를 파악한다. 두 번째 상담에서 보장플랜을 설명한다. 그리고 계약을 하고 다시 소개를 받는다. 이 프로세스는 공장의 프로세스와 같다. 고객이라는 원료를 상담 프로세스에 넣으면 계약이라는 제품이 나오는 것이다. 물론 계약이라는 결과물이 나오지 않을 때도 있다. 그러나 가망고객이라는 원료가 없으면 시스템 자체가 멈춰버린다. 일을 그만둬야 한다는 뜻이다.

라이프플래너 일을 시작한 초기 담당 매니저에게서 소개의 중요성에 대해 귀에 딱지가 앉도록 들었고 일을 해가면서 소개를 통한 가망고객 발굴이 얼마나 결정적인 요소인지 몸으로 느끼고 있다.

특별한 경험을 통해 소개가 어떤 의미인지 절실하게 느낀 적이 있다. 하루는 어느 여성 고객으로부터 미안하다는 전화를 받았다. 언젠가 성당의 형제분에게 내 이야기를 했더니 만나고 싶어 했다는 것이다. 전화번호를 알려주고 연락해보라고 했으면 되는데 차일피일 미루다가 그만 그가 교통사고를 크게 당해 두 다리를 못 쓰게 되어버렸다는 것이다. 이럴 수가 있는가.

한번 만나보고 싶어서 그에게 연락을 했더니 그도 '나는 못했지만 내 아들 보험은 당신에게 부탁하고 싶다'며 나를 만나고 싶어 했다. 그를 보니까 안타까운 마음이 더 깊어졌다. 일찍 만났더라면 얼마나 좋았을까. 그러면 큰 도움이 될 수 있었을 텐데.

그 자신이 아쉬움이 컸던 탓인지 병원에 있으면서 나에게 간병인과, 다른 보험설계사와 상담하고 있는 사람들을 '빼돌려' 소개해주었다.

그를 생각하면 내가 고객에게 소개 요청을 얼마나 잘하느냐에 따라 한 사람의 인생이 달라질 수 있음을 절감한다. 그래서 소개를 요청할 때마다 그를 떠올린다. 소개자가 주위의 소중한 사람들을 잘 떠올릴 수 있도록 내가 어떻게 도와주느냐에 따라 결과는 달라진다. 나는 한두 명 소개받는 것으로 끝내지 않고 '한 분만 더, 또 한 분 더' 하면서 부탁을 한다. 더 이상 소개할 사람이 떠오르지 않는다고 할 때는 그 고객의 사례를 말해주기도 한다. 내가 한 번 더 소개를 요청하지 않아서 어떤 이와 인연이 닿지 않는다면, 그래서 그가 불행한 일을 겪는다면 라이프플래너인 내게는 너무나 안타까운 일이다. 끝까지 소개를 거부하는 고객에게는 귀여운 협박을 은근히 하여 소개받기도 한다.

"끝까지 소개를 해주지 않으신다면 언젠가 저는 이 일을 그만두게 될 것입니다. 그때 저를 원망하시면 안 됩니다."

급한 일과 덜 급한 일 그리고 중요한 일과 덜 중요한 일 중 우리는 중요하든 덜 중요하든 상관없이 주로 급한 일에 매달리게 된다.

코앞에 닥친 일을 처리하느라 정신없이 하루하루 살아간다. 하지만 인생에서 정말 중요한 일들은 주로 급하지 않은 것들이다. 나누고 베푸는 것, 사랑하는 자녀와 함께 멋진 추억을 만드는 것, 건강을 잘 유지하는 것, 부모님을 찾아뵙고 기쁘게 해드리는 것 등 수많은 중요한 것들이 급한 것들 때문에 뒷전으로 밀리기 십상이다. 급한 일이 생기지 않도록 미리미리 준비하라. 덜 급하지만 중요한 것들에 집중하라. 라이프플래너에게는 가망고객 발굴이 덜 급하지만 집중해야 할 가장 중요한 핵심이다.

 일을 계속 잘하기 위해 가장 중요한 핵심은 무엇인가? 그것을 위해 무엇을 해야 하는가? 바로 그것에 당신의 열정을 바쳐야 한다.

무엇을 하는가

상품을 팔러 다니는 세일즈맨은 성공하지 못한다. 고객은 상품을 사기 위해 세일즈맨을 기다리지 않기 때문이다. 세일즈맨은 상품을 파는 사람이 아니라 고객에게 니즈(needs)를 파는 사람이다. 자동차 세일즈맨은 좋은 자동차의 니즈를, 보험세일즈맨은 고객에게 닥칠지 모를 위험의 대비책에 대한 니즈를 판다. 그리고 니즈를 깨닫게 하는 수단이 바로 상담이다.

 우리 집에 있는 200만 원 가까이 나가는 청소기는 세일즈의 본질을 정확하게 꿰뚫고 있었던 세일즈맨 덕분에 생긴 것이다. 그는 청소기를 사라고 하지는 않을 테니 집에서 그냥 청소만 할 수 있게 해달라고 했다고 한다. 공짜로 청소를 해준다는 데 싫어할 주부가 어디 있겠는가.

아내에 따르면 그는, 이 청소기는 튼튼한 소재로 만들어져 수명이 반영구적일 뿐 아니라 다른 청소기와는 달리 진드기까지 빨아들인다면서 집안 구석구석, 카펫, 침대, 소파까지 청소기로 민 다음 먼지봉투 속에 든 것을 텔레비전을 통해 확대해서 보여주었다고 한다. 당신과 아이들이 앉아서 텔레비전을 보는 소파에, 잠을 자는 침대에 징그러운 진드기들이 우글거리는 것을 보여주면서 '이 놈들이 바로 아토피의 원인입니다'라는 말을 덧붙인다면 아이들의 아토피 때문에 골치 아파하던 엄마들은 그것을 본 이상 그 청소기를 사지 않고는 못 배기게 된다. 처음에는 구입할 계획이 전혀 없었던 내 아내도 그날 바로 청소기를 산 것은 물론이고 아는 사람 몇 명을 소개해주었다고 한다.

그 세일즈맨은 무엇을 팔고 있는가? 그는 청소기가 아니라 청소기에 대한 니즈를 판다. 청소기를 사고 안 사고는 고객에게 달려 있다. 그가 하는 일은 고객의 집에서 열심히 청소를 하고 진드기를 보여주며 고객의 구매욕구를 자극하는 것이다.

나 역시 비슷한 방식으로 일을 하고 있다. 나는 보험을 팔기 위해서가 아니라 보험에 대한 니즈를 자극하기 위해 상담을 한다. 보험을 팔자고 덤비면 100퍼센트 실패한다. 혹시라도 보험 가입을 권유하는 전화를 받고서 계약하겠다고 마음먹은 사람을 주변에서 본 적이 있는가? 보험을 권하는 전화를 받으면 누구나 이렇게 말할 것이다.

"아, 예, 잘 들었습니다. 필요하면 제가 나중에 전화 드리죠."

그래서 나는 이렇게 말한다.

"부장님께 정말 도움이 되는 정보가 있습니다. 꼭 한 번 만나 뵙고 싶습니다."

전화로 보험 이야기는 꺼내지 않고 오직 상담 약속만 잡는다. 무슨 정보인지 물어보면 만나서 이야기하겠다고 대답한다. 사실 고객들은 내가 보험 이야기를 할 거란 걸 다 알고 있다. 보험사에 근무하는 사람이 무슨 이야기를 하겠는가? 그러나 어떤 정보인지 호기심이 일기 때문에 약속을 한다.

일단 만나서 상담을 하면 꼭 계약을 하지는 못하더라도 보험의 필요성을 전달할 수 있고 다른 사람을 소개받을 수도 있다. 또 고객에게 인생을 배울 수도 있다. 나는 후배들에게 말한다.

"보험 계약할 사람을 찾으면 한 명도 없다. 상담할 사람을 찾아라."

나는 사람들이 내 집 앞에서 길게 줄을 서 있는 장면을 즐거운 마음으로 자주 상상한다. 첫 번째 사람에게 무슨 일이냐고 물으면 '당신에게 내 생명보험을 상담하러 왔다'고 한다. 두 번째 사람도, 세 번째 사람도 같은 대답을 한다. 그들이 보험에 가입할지는 알 수 없지만 상담할 사람만 끊이지 않는다면 무슨 걱정이 있겠는가. 많은 고객들 곁에서 임무를 충실히 수행할 수 있다면 라이프플래너 일을 오래오래 성공적으로 해나갈 수 있다.

반복되는 어려움은 **무엇인가**

당신의 일에서 반복되는 어려움은 무엇인가? 그것만 없다면 일하기 정말 수월하겠다고 생각되는 것은 무엇인가?

  모든 일에는 어려움이 있다. 그것을 스트레스로 받아들이면 어떤 일도 오래하기 힘들다. 일이 점점 더 힘들어지기 때문이다. 어떤 일을 할 때 같은 어려움이 반복되면 스트레스의 강도는 점점 더 강해진다. 그것을 그대로 방치하면 나중에는 그 일만 생각해도 지긋지긋해진다. 열정을 유지하기 위해서는 그 어려움이 무엇인지, 그리고 어려움의 본질을 파악해야 한다.

  보험에서는 거절이 반복되는 어려움 중의 하나다. 거절 없는 영업을 생각할 수는 없다.

  지금은 웬만한 거절에는 눈도 깜짝하지 않지만 초기에는 상처를 많이 받았다. 한번은 보험 이야기를 하려고 친한 친구에게 연락을 했더니 친구는 그냥 술이나 한잔하자며 오라고 했다. 친구를 만나 자료를 꺼내자 친구는 "보험은 됐고"라며 말문을 막았다. 계약은 둘째 치고 내 이야기를 좀 들어주었으면 좋겠는데 그렇게 되지가 않았다. 이런 일을 비롯해 열심히 설명하고 상담했는데도 계약을 하지 않을 때도 상처를 받았다. 내가 보험인이라는 이유로 사람들이 나를 만나기 싫다고 할 때도 마음이 아팠다. 뭘 모르던 시절의 이야기다.

지금 내가 거절에 상처받지 않을 수 있는 것은 경험이 쌓여서이기도 하지만 그보다는 거절의 이유와 본질을 파악했기 때문이다. 거절의 본질은 고객이 '나라는 사람이 아니라 보험이라는 상품'을 거절한 것이란 사실이다. 내가 파는 상품이 거절당했다고 내 존재는 하찮아지지 않는다.

고객이 거절하는 이유는 보험의 가치를 모르기 때문이다. 보험이 가치 있는 것이라고 느낀다면 월급의 절반을 보험에 넣을 수도 있다. 그러나 가치를 모르면 1000만 원을 월급으로 받아도 5만 원도 투자하지 않는다. 어떤 고객은 내게 이런 말까지 했다.

"가족 먹여살리느라 만날 야근에, 접대하느라 먹기 싫은 술까지 마셔야 해요. 이렇게 힘든데 죽어서까지 가족을 챙겨야 합니까. 그렇게까지 하고 싶지는 않아요."

설마 진심은 아니겠지만 이 말은 보험이 가족만을 위한 것이라는 오해에서 비롯된 것이다. 흔히 보험의 수혜자를 보험금을 받는 사람이라고 생각한다. 어떤 고객은 보험을 들어놓고 가족들에게 생색을 내기도 한다. 하지만 많은 고객들을 만나본 내 의견은 다르다. 보험의 최대 수혜자는 보험을 든 자신이다. 많은 고객들이 '옛날에는 몰랐는데 보험을 든 이후에 왠지 마음이 든든해졌고 자신감도 생겼고 인생을 열심히 살아갈 수 있게 되었다'는 말을 한다. 이렇게 말해도 요지부동인 고객이 있으면 물어본다.

"만약 미래를 볼 수 있다면, 그래서 내일 교통사고로 사망한다는 걸 안다면 가족들을 위해 제가 권유하는 3억 원짜리 보험에 서명을 하시겠습니까?"

열이면 열 모두 아니라고 대답한다.

"보험 액수가 가장 큰 게 얼마입니까?"

거절의 이유는 가족들에게 돌아가는 게 억울해서 혹은 보험이 필요 없어서가 아니라 당장 그런 일이 생기지 않을 거라고 생각하기 때문이다.

대표적인 거절 사유 중 또 하나는 '지금 형편이 어려워서'라는 것이다. 역시 보험에 대한 생각이 문제다. 고객들은 보통 보험이 미래를 위한 것이라고 생각한다. 그러나 보험은 현재를 위한 것이다. 라이프플래너 스스로가 보험이 미래를 위한 것이라고 생각한다면 고객이 미룰 때 더 이상 할 말이 없다.

왜 거절하는지 알기 때문에 안타까울 뿐 상처받지는 않는다. 만약 내가 초년생 시절처럼 계속해서 상처를 받았다면 결코 오늘까지 이 일을 하고 있지 못할 것이다. 많은 세일즈맨들이 일을 중도에 포기하고 마는 이유가 바로 이것이다. 상품을 거절한 것인데 자신이 거절당했다고 느끼는 것. 자존감에 상처를 받으면서 오랫동안 할 수 있는 일은 없다.

일의 핵심을 찾아내고 거기에 열정을 집중 투여하라. 그리고 자신이 하는 일이 무엇인지, 자신이 겪는 어려움의 본질이 무엇인지 파악하라. 그렇게 해야 열정이 사그라지지 않고 점점 더 크고 무거워질 수 있다.

● 김철웅이 만난 열정

성공에는 준비와 열정이 필요하다

2002년 미국 내슈빌에서 열렸던 MDRT 연차총회에서 탐험가 제이미 클라크(Jamei Clarke)의 흥미진진한 강연을 들을 수 있었다. 그는 크로스컨트리 챔피언이며 40여 나라에서 열린 스키대회에 참가했었고 수차례의 위험한 등반을 잘 수행해낸 인물이다.

2001년 푸르덴셜 국제국에서 주관하는 하와이컨벤션에 참가했을 때 에베레스트 탐험에 관한 그의 이야기를 들은 바 있어 같은 이야기를 또 듣는 것은 아닐까 생각했었다. 그러나 내 예상과 달리 그는 정반대의 이야기를 들려주었다. 에베레스트처럼 춥고 높은 곳이 아닌, 덥고 평편한 곳에서의 탐험 이야기였다. 아라비아사막을 낙타를 타고 횡단한 내용이었다. 이 세상에서 가장 황량하고 위험한 그곳에서 그는 700마일에 걸친 탐험을 감행했다.

준비부터 쉽지 않았다. 탐험을 위한 돈이 많이 부족했으나 오직 신념으로 하나씩 문제를 해결해갔다. 가장 힘든 것은 주위의 부정적인 반응이었다. 하지만 그는 실패할 각오는 되어 있었지만 포기할 각오는 되어 있지 않았다. 자신이 꿈꾸는 것에 대해 그만큼 열정이 있었던 것이다.

그는 본격적인 탐험 중에 배고픔, 목마름, 극심한 더위 그리고 좌절감 등 온갖 시련을 겪게 된다. 그런 탐험의 과정을 그는 마치 내가 사막에 던져져 있는 것처럼 느끼도록 아주 생생하게 묘사하며 들려주었다. 그의 무모한 탐험은 성공적으로 끝났고 이로써 그는 지난 50년간 에베레스트와 아라비아사막을 동시에 탐험한 최초의 서양인이 되었다.

그는 청중들에게 '사람들은 미래와 과거에는 민감하지만 대게 현재에는 충실치 않다'고 충고하면서 자신이 사막에서 했던 것처럼 인생에서 겪는 장애들을 잘 인내해낼 것과 다른 사람들이 열정 넘치는 삶을 살아갈 수 있도록 힘을 불어넣으라고 주문했다. 성공에는 반드시 준비와 열정이 있어야 한다는 사실도 강조했다. 준비와 열정, 이 두 가지가 그의 위대한 탐험의 모든 것이라고 해도 과언이 아니다.

02 열정으로 핵심을 자극하라

 보험 계약을 위한 라이프플래너의 활동은 가망고객 방문, 상담, 거절 대응으로 요약할 수 있다. 이 세 가지의 중심에 고객이 있다. 고객이 내 일의 핵심인 것이다. 너무나 당연한 말이다. 모든 비즈니스의 핵심은 고객이다. 기업에게는 소비자라는 고객이 핵심이며 정부에게는 국민이라는 고객이 핵심이며 교사에게는 학생이라는 고객이 핵심이다.

 이제 고객이라는 핵과 열정이라는 핵이 만나게 해야 한다. 그러면 핵융합반응, 즉 고객감동이 일어난다.

 지금 하고 있는 일이 1년 뒤에도 똑같이 힘들다면 발전을 기대할 수 없다. 새로운 차원으로 가려면 보다 쉽고 안정적으로 일이 되도록 만들어야 한다. 늘 힘들게 일하는 사람에게 중요한 일을 맡기지 않는다. 고객이 감동하면 날이 갈수록 일이 즐겁고 쉬워지며 고객이 불만을 품으면 해결해야 할 일들이 쌓이면서 갈수록 일이 어려워진다.

| **고객이 나를 위해 뛰게 만들어라**

보험 일을 시작한 이후 점점 더 신규 고객 발굴에 들이는 시간이 줄어들고 있다. 고객이 많아질수록 그에 대한 서비스의 양이 늘어나기 때문이다. 고객이 입원하기도 하고 계약할 때는 챙기지 못했던 사항에 대해 물어보기도 하고, 순수하게 인간적인 측면에서 보고 싶다며 찾아오라고 하는 일도 있다. 기존 고객에 대한 서비스 불량은 내 원칙에 어긋날 뿐더러 그래서는 일을 오랫동안 할 수도 없다. 신규 고객 발굴에 들이는 시간이 줄었는데도 내가 꾸준히 좋은 성과를 거두며 일할 수 있는 이유는 고객들이 나를 대신해 신규 고객을 발굴해 주기 때문이다.

많은 고객들로부터 도움을 받고 있지만 그중에 제일은 경기도 안성의 한 미용실에서 일하는 고객이다. 그분과의 관계는 딸로부터 시작되었다. 그분의 딸이 내게 계약을 한 후 9개월 만에 교통사고를 당했다. 2004년 설 연휴가 시작되는 날 폭설이 내려 그녀가 몰던 차가 미끄러져 중앙분리대에 부딪히는 바람에 차에서 내렸는데 그때 다른 차가 미끄러지면서 그녀를 덮치고 말았다. 다리를 심하게 다쳐서 6개월 이상 병원에서 치료를 받았지만 안타깝게도 결국 장해 판정을 받고 말았다.

나는 늘 하던 대로 수시로 병문안을 다니고 입원보험금을 수차례에 걸쳐 지급했다. 그리고 장해판정이 나온 후 장해보험금도 신속하게 처리했다. 보험금 지급이 모두 끝난 후 어머니는 나에게 말했다.

"내가 보험 하는 사람 많이 봤지만 당신 같은 사람은 처음 봐요. 정말 놀라운 건 나는 푸르덴셜에 전화 한 통 한 일이 없는데 보험금이 다 지급되었다는 거예요. 당신이 우리 가족을 위해 다 알아서 챙겨줬기 때문이죠. 크게 감동 받았어요. 다른 건 해줄 게 없고 내 보험 하나 가입할게요."

그렇게 고마워하며 둘째 딸과 함께 보험을 들었다. 그런데 다행이라고 말해도 될까, 그녀는 계약 후 불과 2주 만에 뇌졸중으로 쓰러지고 말았다. 오랜 병간호로 몸이 많이 상했던 모양이었다. 어머니에게도 보험금이 지급되었다. 계약을 조금만 더 늦게 했더라면 병원비를 감당하느라 무척 힘들었을 것이다. 그 고객은 무척 미안해하면서 말했다.

"내 딸도 그렇고 나도 그렇고 보험 들자마자 돈을 받아서…… 우리 때문에 김철웅 씨가 회사에서 징계라도 받는 것 아니에요?"

"천만에요. 회사에서는 일 열심히 했다고 오히려 칭찬해주던데요."

마술 같은 일이 일어나기 시작한 건 그분의 병문안을 다니면서부터였다. 하루는 병문안을 마치고 돌아가는데 전화가 왔다. 병실에 있는 사람들이 나를 보고 싶어 한다며 다시 돌아오라는 것이었다. 부리나케 돌아갔더니 병실에 있던 환자들과 보호자들의 눈이 빛나고 있었다.

일은 이렇게 된 거였다. 병실은 대체로 심심하다. 그러다 보니 누군가 병문안을 오면 그쪽으로 귀를 쫑긋 세우게 된다. 깔끔한 양복차림의 남자가 친척도 아닌 것 같은데 종종 방문하니까 내 정체가 궁금했던 모양이다. 내가 돌아간 후 누구냐고 물었고 그때부터 그녀가 내 자랑을 '빙자해' 자기 자랑을 했다.

'나와 내 딸 보험을 설계해준 라이프플래너다. 얼마나 열심히 잘 챙겨주는지 모른다. 딸 때도 그랬고 내가 쓰러지자마자 달려와서 모든 일처리를 해주었다. 당신들이 든 보험과는 다르다.'

그 병실에 있던 사람들은 이미 내 고객에게 설득이 다 되어서 당장이라도 사인을 할 기세였다. 병실에 누워 있으니 보험의 필요성을 누구보다도 잘 알게 되었을 테지만 보험이란 별로 필요가 없을 때에 준비하지 않으면 절실하게 필요한 상황에서는 아무리 원해도 가질 수 없는 것이다.

"지금 환자분들은 보험 계약이 안 됩니다. 퇴원 후 저에게 상담을 받으십시오. 하지만 보호자분들은 바로 가능합니다."

재미있는 건 그녀가 병원을 옮겨 다닐 때마다 비슷한 일이 일어나는 거였다. 그녀는 수개월간의 병원 치료가 끝난 후 많이 회복이 되어 미용실에 다시 취직을 했는데 얼마 지나지 않아 미용실 원장을 소개해주었다. 이미 '사전 작업'이 끝난 후였다. 원장은 나를 만난 후 이렇게 말했다.

"많은 보험설계사들이 와서 권유해도 한 번도 보험을 들어본 적이 없어요. 그런데 그동안의 이야기를 들어보니까 정말 믿음이 가네요. 계약하고 싶어요."

원장은 물론 남편도 큰 액수의 보험을 계약했다. 이후 안성 아주머니와 원장은 명콤비가 되어서 미용실에 오는 손님들에게 내 소개를 하고 있다. 지금도 간간히 전화가 온다.

"김철웅 씨, 한 명 작업해놨으니까 내려와요."

안성 아주머니 덕분에 많은 고객을 모시게 되었다. 미용실 손님뿐만 아니라 주위의 친척까지도 계속 소개해주었으니 말이다.

라이프플래너 일은 크게 신규 고객 발굴과 기존 고객에 대한 서비스로 나눌 수 있다. 서툰 라이프플래너는 눈앞의 이익 때문에 기존 고객을 등한시한다. 그렇게 해서는 고객의 불만이 쌓이고 세월이 지날수록 점점 힘들어질 수밖에 없다. 고객이 늘어날수록 자산이 증가

하는 것이 아니라 오히려 감당해야 할 부채만 늘어가기 때문이다.

과거에는 나 혼자 뛰었다. 처음에는 누구나 그럴 수밖에 없다. 그러나 커리어가 쌓여갈수록 나를 신뢰하는 많은 고객들이 나를 대신해 영업을 해준다. 깊이 감사하고 또 감사할 일이다. 이것이 가능하려면 고객으로부터 깊은 신뢰를 얻어야 한다. 상담을 하더라도 단기적으로 한 건 하겠다가 아니라 그 고객과 평생을 함께하겠다는 마음을 가져야 한다. 그래야 고객이 감동하고 나의 아군이 되어서 도움을 주게 된다. 큰 꿈은 혼자 이룰 수 없다. 누군가의 도움이 필요하다. 바로 고객의 도움이다. 고객이라는 지렛대가 있어야 큰 꿈을 들어 올릴 수 있다. 나 역시 고객의 지렛대가 되어야 함은 물론이다.

어떤 분야에서건 제아무리 뛰어난 실력을 갖고 있더라도 개인의 힘에는 한계가 있다. 빌 게이츠는 일하는 방식과 생각의 틀을 바꾸었지만 혼자 한 일이 아니다. 공동창업자인 폴 앨런을 비롯해 주변에서 그를 도운 뛰어난 인재들이 있었기에 가능했다.

인맥은 한 사람의 성공을 결정짓는 중요한 요소이다. 어떤 분야에 어떤 인재가 있는지 아는 것만으로도 큰 힘이 되며 그들을 직접 알고 있다면 그 힘은 더욱 막강해진다. 그렇다고 인맥을 넓히는 데만 힘을 쓸 수는 없다. 인맥을 넓히는 것도 중요하지만 기존의 인맥에 깊이를 더하는 것이 더욱 중요하다. 서운한 일이 쌓이면 가족이라도 소원해지기 마련이다. 친한 사람이라고 소홀히 대하면 그는 금방 등을 돌린다. 하지만 그를 감동시키면 그를 통해 새롭고도 검증된 인맥이 생긴다.

열정은 정신적 에너지인 동시에 육체적 에너지다. 인간의 몸은 갈수록 노쇠해진다. 약해지는 체력을 대신할 아군을 만들지 않으면 갈수록 힘들어지고 열정은 식을 수밖에 없다. 반면 자신을 위해 기꺼이 뛰어줄 사람들이 점점 더 늘어난다면 생산성은 높아지고 보다 안정적으로 일할 수 있게 된다. 그러니 주변을 돌아보고 꼼꼼히 챙기는 여유를 가져야 한다.

나에게서 **문제의 원인을 찾아라**

고객이 항상 옳다는 말은 두 가지 의미가 있다. 하나는 고객의 욕구가 항상 옳다는 말이다. 회사의 규정이나 여건상 도저히 들어줄 수 없다고 하더라도 욕구 그 자체는 항상 옳다. 고객의 입장에서 조금 더 좋은 상품, 조금 더 사려 깊은 서비스를 바라는 것은 당연한 것이다. 두 번째는 나의 태도에 관한 문제다. 옳고 그름의 잣대를 엄격하게 들이댈 때 티끌 하나 없는 사람은 없다. 고객이 나를 대하는 태도에 문제가 있더라도 그것을 문제 삼지 않고 내가 바꾸어야 할 부분을 찾아내야 한다. 문제의 원인을 나에게서 찾고 이를 고쳐 나갈 때 아집과 타성에서 벗어날 수 있고 성장할 수 있다.

고객은 어린아이와 비슷한 면이 있다. 어린아이가 자동차의 안전벨트를 답답하게 여기는 것처럼 고객은 보험료를 부담스럽게 생각한다. 어린아이가 막무가내로 요구를 들어달라고 떼쓰는 것처럼 보험 계약이 마음에 들지 않는다고 수정이나 해지를 요구하는 고객이 있다. 어린아이에게는 알아들을 때까지 여러 가지 방법으로 안전벨트의 필요성을 이야기해주는 것밖에는 달리 방법이 없다. 아이가 버릇없는 행동을 할 때는 꾸지람이 아니라 사랑으로 바로잡아야 한다. 고객에게도 역시 고객이 만족할 때까지, 감동할 때까지 설득하고 이해시키는 방법밖에는 없다. 그러지 못해 발생하는 문제는 나에게서 그 원인을 찾아야 한다.

2008년 가을 남편의 보험을 해지하고 싶다는 한 부인의 연락을 받았다. 그 가족 모두가 나를 믿고 가입했었기에 '해지'라는 말에 깜짝 놀랐다. 부인은 남편이 이제 자신의 생명보험은 필요 없으니 해지하길 원한다고 전했다. 안타까운 마음으로 바로 약속을 잡고 달려갔다. 보장 내용을 다시 검토하면서 부인에게 유지를 권유했지만 부부는 며칠 고민한 후 결국 보험료 납입을 중지하고 보험금을 감액하는 감액완납을 선택했다.

그런데 불과 얼마 지나지 않아 그 고객이 돌연 세상을 떠나고 말았다. 평소에 꾸준히 운동도 하며 건강관리를 잘하던 분이었는데 산에 오르다 그만 돌연사를 한 것이었다. 어떻게 이런 일이……. 믿을 수가 없었다. 보험금은 신청 후 이틀 만에 신속히 지급되었지만 감액된 보험금은 초라하게 느껴질 정도였다. 지난 10년간 연체 한 번 없이 꼬박꼬박 보험료를 납부했는데 정말 어이가 없었다. 남은 가족에게 더 큰 보탬이 될 수 있었는데 안타깝기만 했다. 그때 말렸어야 했다. 하지만 후회해도 소용없는 일이다.

이 경우 고객이 자기 의지대로 해지해서 그렇게 된 거니까 어쩔 수 없다는 식으로 책임을 회피할 수도 있을 것이다. 하지만 라이프플래너로서 내가 좀 더 애정을 가지고 열정적으로 설득했다면 결과는 달라지지 않았을까? 내일 당장 만일의 경우가 생길지도 모르니 보험을 계속 유지하라고 끈질기게 권유했어야 했다.

몇 차례나 약속이 연기되다 아주 어렵게 만나서 밤늦은 시간까지 상담을 한 적이 있다. 고객은 무척 만족해하며 청약서에 서명을 했으나 며칠 뒤 다른 회사에 가입을 했으니 철회를 하겠다고 전화로 알려왔다. 그동안 고생한 생각을 하면 무척 마음이 상하지만 고객을 원망한다면 아마추어나 다름없다. 내가 좀 더 전문가로서 신뢰를 보였어야 했다. 고객과 깊은 감정의 교류를 가졌어야 했고 고객의 상황을 제대로 파악했어야 했다. 이렇게 고객을 탓하지 않고 내게서 원인을 찾을 때 한 가지라도 배울 수 있고 성장할 수 있다.

고객보다 뜨거워져라

작고 가벼운 고무공으로 볼링핀을 쓰러뜨리려면 있는 힘껏 던져야 한다. 어깨가 뻐근하게 던져도 윗부분에 정확하게 맞지 않으면 쓰러지지 않는다. 그러나 볼링공은 그 무게의 반동으로만 굴려도 볼링핀은 우수수 넘어진다.

특출한 소수를 빼놓고 대부분의 신입사원은 작은 공을 갖고 있다. 일한 만큼 성과가 나지 않는다. 상급자가 1시간이면 해결할 일을 하루 종일 하고도 해결하지 못할 때도 있다. 업무가 주어지면 어디서부터 시작해야 할지 헤매기 일쑤다. 그러다가 경력이 쌓일수록 경험, 업무 스킬, 태도, 습관 등이 갖춰지면서 점점 더 공이 커지고 무거워진다. 내공이 쌓이는 것이다. 하위 1퍼센트의 게으른 사람이 아니라면 어느 정도 경력이 쌓이면 기본은 한다. 하지만 현대 사회는 늘 기본 이상을 원한다. 기본 이상을 하는 사람만이 성공의 열매를 맛볼 수 있다. 기본 이상을 하기 위해서는 실력과 더불어 열정의 크기를 키워야 한다.

몇 년 전 매우 만족하면서 계약한 고객이 다음 날 해약을 하고 싶다며 전화를 했다. 무엇 때문에 그러는지 물었더니 아내가 '없는 살림에 보험은 무슨 보험이냐'며 노발대발했다는 것이다. 그 고객은 직장을 다녔고 아내는 세탁소를 운영하고 있었다. 세탁소 전화번호를 물어서 전화를 걸었다. 내 신분을 밝히자마자 속사포처럼 비난이 쏟아졌다.

"무슨 이런 보험이 다 있어요? 3~4만 원짜리 보험도 이 정도 보장은 해주는데 보험료가 20만 원이 넘다니 말이 돼요?"

"그러시면 제가 찾아뵙고 자세히 설명을 드리겠습니다."

"다 필요 없고, 우리는 안 할 거니까 취소해주세요."

"그럼, 취소하셔도 되니까 한 번만 설명할 기회를 주십시오. 그래도 만족 못하시면 바로 처리해 드리겠습니다."

'오든지 말든지 알아서 하라'는 말을 약속으로 믿고 세탁소로 찾아갔다. 한 가정을 구해보겠다는 마음이었다. 부인과 만나서 왜 이 보험이 필요한지, 3~4만 원짜리 보험과 다른 점은 무엇인지 설명했다. 그리고 남편이 이 보험을 계약한 건 가족에 대한 사랑 때문이라고 했다. 남편이 부인과 자녀들을 너무 사랑하는 것 같다는 말도 빼놓지 않았다. 부인의 표정이 조금 누그러지는 것 같았다. '인생의 브레이크'를 예로 들어 쐐기를 박았다. 그 내용을 간단히 소개하면 이렇다.

한 가족이 자동차 여행을 떠나기 전에 인근 정비소에서 자동차 점검을 받았다. 그런데 브레이크에 이상이 있으니 수리를 해야 한다는 것이다. 수리를 하지 않은 채 여행을 떠날 경우 브레이크 고장으로 차가 서지 않아 사고가 날 수도 있다. 수리를 하면 안심하고 여행을 즐길 수 있고 마음껏 속도를 낼 수도 있다. 하지만 비용이 들어간다. 어느 쪽을 택하겠는가? 어쩌면 이 보험이 꼭 필요하지 않을 수도 있다. 그러나 브레이크 수리가 안전한 자동차 여행을 보장하듯이 보험은 당신 가족의 안정된 삶을 약속한다.

"지금까지 힘들게 살아오셨지만 앞으로는 점점 더 행복하게 살아가실 겁니다. 아무 일도 없다면 다행이지만 이 가정에 불행한 일이 온다면, 가장에게 무슨 일이 생기기라도 한다면 힘들지 않겠습니까?"

이 설명에 흡족해서 부인은 취소하려던 보험을 그대로 유지하겠다고 하면서 자신의 보험까지 계약했다.

열정이 작을 때는 이런 일을 만나면 답답했다. 만족하면서 계약을 해놓고 아내가 뭐라고 한다고 금방 마음을 바꾸다니 너무 한다는 생각도 들었다. 그러다가 반대하는 아내까지 설득해 계약을 하는 경험이 늘어나면서 자신감이 늘었다. 자신감이 느니까 열정도 따라서 커졌다.

어떤 문제로 심한 고통을 겪던 한 제자가 견디다 못해 스승에게 달려가 도움을 청했다. 그러자 스승은 굵은 소금과 물 한 대접을 가져오라고 했다. 스승은 대접에다 소금을 몇 숟가락 넣고 젓더니 그걸 제자에게 마시라고 했다. 단숨에 소금물을 마신 제자에게 물맛이 어떠냐고 물었다.

"지독하게 짭니다."

스승은 제자를 샘으로 데려가 샘에 소금을 넣으라고 하더니 그 물을 마시라고 했다. 제자가 물을 마시자 다시 물맛이 어떠냐고 물었다.

"짠 맛이 느껴지지 않습니다."

스승은 넌지시 말했다.

"문제는 소금이 아니다. 문제는 그릇이다. 그릇을 크게 만들어라."

제자가 그릇을 키워야 하듯 우리는 열정의 온도를 높여야 한다. 대부분의 고객은 얼음처럼 차갑다. 그런 고객을 녹이기 위해서는 내가 고객보다 뜨거워야 한다. 조금 뜨거워서는 안 된다. 얼음을 증발시킬 만큼 뜨거워야 한다. 그렇지 않으면 열정의 온도가 영하로 떨어져버릴 것이다.

작은 일에도 **정성을 다하라**

비즈니스 혹은 일상의 삶에서 만나는 사람들에게 정성을 다해야 비로소 감동을 줄 수 있다. 라이프플래너 일도 정성을 다해 수행할 때에 성공적일 수 있다. 사람은 누구나 자신에게 관심을 갖길 원한다. 고객의 이야기에 정성껏 귀를 기울여 문제를 진단한 후 정확한 해결책을 제시해야 한다. 내가 고객의 삶에 관심을 가지고 있으며 고객의 삶을 소중히 여기고 있다는 느낌이 들도록 정성을 다해야 한다. 섣불리 계약 한 건 하려고 덤비다가는 상담이 실패로 끝나기 일쑤다.

사람을 어떻게 대해야 감동을 줄 수 있는지를 일본에서 만났던 두 사람으로부터 배운 적이 있다. 1992년 건설회사에서 일할 때 일본으로 연수를 간 적이 있다. 도쿄 한복판에서 길을 물으려고 양복을 말끔히 빼입고 어느 건물 앞에 서 있는 사람에게 말을 걸었다. 일본으로 건너간 지 불과 일주일밖에 되지 않았던 그때는 일본어 회화 연습을 할 속셈으로 아는 길도 일부러 물어보곤 했다. 보통 누가 길을 물으면 이쪽, 저쪽으로 가라고 손가락으로 가리키며 알려준다. 그런데 그는 달랐다. 잠깐 기다리라고 하더니 건물 안으로 들어가 위층으로 올라갔다. 아마도 자신의 사무실로 올라간 모양이었다. 무엇 때문일까 궁금해 하며 기다렸는데 한참 후 나온 그의 손에는 복사된 지도 한 장이 들려 있었다. 그 동네 지도였는데 현재 위치에서 목적지까지 가는 길이 형광펜으로 표시되어 있었다. 그는 그 지도를 건네면서 아주 확실하게 설명해주었다. 나는 깜짝 놀랐다. 길 가던 낯선 사람일 뿐인 나에게 이렇게까지 정성을 다할 수 있단 말인가. 그냥 친절하게 말로만 알려주었어도 고맙다고 생각하고 만족했을 것이다. 그런데 예상을 뛰어넘는 친절함에 나는 감동하지 않을 수 없었다. 기대한 만큼 서비스한다면 고객만족에 그치겠지만 정성을 들여 예상을 뛰어넘는 서비스를 한다면 진한 고객감동을 만들어 낼 수 있는 것이다.

다른 한 사람은 연수 중에 친하게 지내던 동료 오쿠무라이다. 당시 40대 중반이었던 그는 말도 서툴고 일도 서툰 나에게 많은 도움을 준 스승 같은 사람이다. 만난 지 불과 며칠 되지 않았을 때이다. 오전에 그와 대화를 하면서 모르는 단어가 하나 있어 뜻을 물어보았는데 그의 설명을 도무지 알아들을 수가 없어서 대충 알아들었다는 표정으로 그냥 넘어갔다. 별로 중요한 것은 아니었기 때문이다.

그리고 한 참 뒤에 점심을 먹고 낮잠을 청했다. 당시 현장에서는 점심식사 후에 직원 모두가 30분 정도 숙소에서 낮잠을 잤다. 오전의 피로를 말끔히 풀 수 있는 아주 달콤한 시간이었다. 그날도 잘 자고 사무실로 들어갔는데 오쿠무라가 혼자 사무실에 앉아 열심히 뭔가를 타이핑하고 있었다. 뭘 하고 있나 다가가 봤더니 내가 오전에 물어봤던 그 단어의 뜻을 영어로 타이핑하는 중이었다. 그 귀중한 낮잠시간을 포기하고 나를 위해 서툰 영어로 단어의 의미를 풀어쓰느라 진땀을 흘리고 있었던 것이다. 아, 정말 감동이었다. 그로부터 1년간 그는 나에게 일본어 선생님, 현장기술 전수자, 인생 코치로서 많은 가르침을 베풀어주었다. 15년이 넘게 지났지만 그와의 기억이 선명하게 남는 이유는 사람에 대한 그의 태도, 즉 정성 때문이 아닐까 생각한다.

라이프플래너가 된 나에게 그 두 사람의 정성이 새삼 뜻 깊게 다가왔다. 길을 물어보는 사람에게도, 1년이면 떠날 사람에게도 정성을 다하는 사람들이 있다는 사실을 통해 나는 내 고객에게 어떻게 해야 하는지를 각성하게 되었다. 고객이 입원하면 누구보다 빨리 달려가서 위로하고 보험금 지급과 관련된 일을 도와준다. 뭔가 궁금한 게 있으면 최대한 빨리 방문하여 설명을 함으로써 늘 곁에 있음을 확인시켜준다. 내가 원하는 것에 초점을 맞추지 않고 고객이 원하는 것에 초점을 맞춰야 한다. 고객이 가장 원하는 것은 담당 라이프플래너가 중간에 그만두지 않고 인생의 동반자가 되어주는 것이다. 오래도록 고객 곁에서 고객을 돌볼 때 고객 역시 라이프플래너를 돌보게 된다.

정성은 고객을 부른다

나의 정성이 고객에게 전해진 덕분에 많은 고객은 자발적으로 지인을 소개해주었고 나는 이러한 소개를 통해 성공적으로 라이프플래너 일을 해올 수 있었다.

　세 자매 고객을 통해 꼬리에 꼬리를 무는 소개의 연쇄를 경험한 적이 있다. 둘째를 맨 처음 만났었는데 아주 만족해서 남편과 함께 보험을 들고 이어서 동생을 소개해주었다. 행사 도우미 사업으로 바쁜 동생과는 약속이 잘 잡히지 않았다. 몇 번이나 약속이 깨지며 무척 고생을 하다가 결국 음악소리가 빵빵 울리는 어느 행사장 옆에 서서 상담을 했다. 정신없는 가운데에도 동생은 빠르게 요점을 파악한 후 고맙게도 바로 계약을 승낙했다. 그리고는 아주 마음에 든다며 큰언니와 함께 많은 친구들을 소개해주었다. 사업을 하는 큰형부

와 큰언니도 계약을 했음은 물론이며 그녀의 친구들까지 모두 계약을 했다. 또한 어머니의 보험도 계약할 수 있도록 도와주었다. 그 이후 결혼할 사람의 손을 이끌고 사무실을 찾아와 계약을 하기도 했다. 결혼할 남자친구의 지인들을 소개받아 상담을 진행했음은 물론이다. 드디어 그녀의 결혼식 날이 되었다. 기쁜 마음으로 결혼식장에 들어갔는데 아는 사람들이 눈에 많이 띄었다. 신부의 가족들과 학교 동창, 직장 동료들뿐만 아니라 신랑 친구들 모두에게 인사하기 바빴다. 신부의 동창인 어느 고객이 놀라면서 나에게 물었다.

"어떻게 아는 사람들이 이렇게 많아요?"

그동안 소개에 소개를 거듭하며 이렇게 많은 고객을 만났음을 생각지도 못했을 것이다.

소개를 통한 영업이 지뢰찾기 게임과 비슷하다는 생각을 가끔 한다. 지뢰 하나를 클릭했을 때 하나밖에 열리지 않을 때도 있지만 한꺼번에 확 열리는 때도 있지 않은가. 소개도 마찬가지다. 한 사람의 소개로 수많은 고객을 만날 수 있다. 그러나 소개받기가 그리 쉽지는 않다. 열정과 정성으로 고객을 감동시키지 못하면 절대 불가능하다.

열정이 있는 사람은 일을 할 때 정성을 다한다. 그러나 열정이 다소 떨어지더라도 하는 일에 정성을 다하다 보면 좋은 성과가 나오게 되고 이로 인해서 다시 열정이 솟게 된다.

● 김철웅이 만난 열정

한 가지 목표에 집중하라

2005년도 MDRT 연차총회는 재즈의 고향 뉴올리언스에서 열렸다. 태풍 카트리나가 뉴올리언스의 온 도시를 덮치기 불과 얼마 전이었다. 그곳에서 불굴의 탐험가 라눌프 핀즈 경(Sir Ranulph Fiennes)의 삶과 탐험 이야기를 들으며 그의 열정을 배울 수 있었다.

라눌프 핀즈 경은 1960년대부터 탐험을 시작했으며 현재는 살아 있는 가장 위대한 탐험가로 알려져 있다. 그는 1979년부터 1982년까지 3년에 걸쳐 세계 최초로 지구를 종으로 횡단했다. 영하 80도에 이르는 남극의 추위를 견디고 북극에서는 99일간 얼음 위에서 떠다니기도 했다. 온갖 위험과 고통을 겪으면서도 많은 사람들의 도움과, 특히 부인의 전폭적인 지원 덕분에 모든 난관을 극복하며 그의 지구 종단 탐험은 성공했다. 덕분에 영국 왕실로부터 '경(Sir)'의 칭호가 주어진다.

그 뒤 그는 세계 최초로 남극을 걸어서 탐험하는데 성공했다. 그리고 걸어서 북극 탐험에 도전했으나 실패하게 되고 왼손 손가락 전부가 동상에 걸려 결국 스스로 모든 손가락을 잘라내게 된다. 그 후 심장마비로 두 번이나 큰 수술을 받지만 2003년 수술 후 불과 넉 달 만에 특별한 마라톤대회에 참가, 총7일 동안 7개 대륙에서 7회의 마라톤 코스를 뛰는 '랜드로버 7x7x7 도전'에서 완주했다. 정말 힘든 몸 상태로 놀라운 도전을 감행한 것이다. 최근 그는 환갑이 넘은 나이에 최고령 에베레스트 등정 기록에까지 도전했다. 비록 정상을 앞두고 건강 때문에 실패했지만 말이다. 이때까지 35년간 그는 수없이 많은 도전과 도전을 거듭했다.

2005년 뉴올리언스 연차총회 컨벤션홀에서 그는 다음과 같은 메시지를 남겼다.
"성과를 이루려면 한 가지 목표에 집중하세요."

매번 도전할 때마다 그는 핏빛처럼 선명한 목표를 가지고 시작했을 것이다. 그래서 거기에 집중할 수 있었고 또한 평생에 걸쳐 수없이 놀라운 일들을 해낼 수 있었다.

네 번째 STEP
열정의 적용

가장 힘든 오늘을 선택하라

'선택' 하면 '인생은 B, C, D'라는 말이 떠오른다.
사람은 태어나고(Birth) 결국은 죽게 되는데(Death) 그 사이는 선택(Choice)의 연속이라는 것이다.
하루하루 훌륭한 선택을 하면 인생을 멋진 작품으로 만들어갈 수 있다.
쉬운 오늘을 선택하는 사람의 어제는 후회로 가득하고 내일은 불확실하다.
힘든 오늘을 선택하는 사람은 어제가 보람되고 내일은 확신으로 가득하다.
어제 당신이 했던 선택들을 떠올려보라.
아침에 일어나서부터 밤에 잠들기까지 쉬운 선택을 많이 했는가,
아니면 힘든 선택을 많이 했는가?

01 열정의 선순환 구조를 구축하라

 "만일 우리가 오늘을 통제할 수 있다면 우리는 우리의 삶과 미래를 통제할 수 있습니다. 다시 말해서 우리가 우리의 미래를 통제하길 원한다면 우리는 반드시 오늘 해야 할 일을 먼저 통제할 수 있어야만 합니다. 만일 우리 인생이 통제할 수 없는 것이라면 우리 미래는 우연에 맡겨지는 것입니다."

 2001년 MDRT 회장이었던 토니 고든의 말이다. 신기하게도 악순환은 그대로 둬도 반복되지만 신순환은 계속해서 노력해야만 반복된다. 그런데 선순환 구조를 만들어두면 훨씬 더 적은 노력으로 열정의 선순환을 이끌어낼 수 있다.

1 오늘 하루에 **모든 것을 쏟아 부어라**

내가 늘 갖고 다니며 지키려고 애쓰는 좌우명은 '오늘 하루 최선을 다하며 살자'다. 너무 오래된 교훈이긴 하지만 지금까지 나를 지켜주는 말이다. '되는 대로' 하루를 보내는 것보다 '되게 하는' 하루를 선택하는 것이 훨씬 더 힘들다. 되게 하려면 오늘이라는 현재에 내가 가진 열정을 모두 쏟아 부어야 하기 때문이다.

그러면 하루의 열정을 모두 쏟아 부었다는 것을 어떻게 점검할 수 있는가? 무슨 일을 하면 오늘 하루를 최선을 다해 보냈다고 할 수 있는가? 열정이나 최선이라는 에너지를 정량적으로 체크하기는 어렵다. 나 역시 하루에 한 사람을 만나더라도 그에게 모든 것을 쏟아 부었다는 느낌이 들면 최선을 다했다고 생각한다. 그래도 느낌에만 맡겨두기에는 하루하루가 너무나 소중하다. 스스로 최선의 기준을 정하고 그것을 체크해 나가는 기술이 필요하다.

내가 스스로 최선을 다했다고 자부하는 기준은 하루에 세 명의 고객과 보험상담을 하는 것과 자신과의 7가지 약속을 실천하는 일이다. 그러면 하루를 열심히 살았다고 만족할 수 있게 된다. 조신영의 《성공하는 한국인의 7가지 습관》에서 언급된 그 7가지 약속은 다음과 같다.

첫 번째는 아침에 일찍 일어나는 것이다. 저녁에 일찍 잠자리에 들고 아침에 일찍 일어남으로써 아침시간을 많이 확보한다. 저녁에

TV를 보거나 늦게까지 술자리를 갖는 소모적인 시간을 줄이고 대신 아침에 맑은 정신으로 집중할 수 있는 효율적인 시간을 창조해낼 수 있다.

두 번째는 정신 영양제를 먹는 것이다. 아침 기상 후 삶에 에너지를 채워주고 감동을 주는 좋은 글을 읽으며 음미한다. 평소에 인터넷이나 책에서 모아둔 짧은 글이면 된다. 아침부터 긍정적인 마음 상태로 하루를 힘차게 시작할 수 있다.

세 번째는 하루 계획이다. 그날 해야 할 가장 중요한 일 세 가지를 글로 쓰는 것이다. 너무 많으면 집중력이 떨어질 수도 있으니 세 가지가 좋다. 그냥 일상적인 것이 아니라 뭔가 특별하고 의미 있는 것을 계획함으로써 내게 주어진 소중한 선물인 '하루'를 멋지게 보내는 것이다. 잠자리에 들기 전 이 세 가지를 모두 실천에 옮겼는지 체크한다.

네 번째는 독서다. 하루 중 아무 때나 시간을 내어 최소 30분 이상 책을 읽는다. 그러면 일주일에 최소 한 권, 1년에 50권 이상을 독파할 수 있다. 이를 통해 평생학습을 실천하고 인격적인 성장을 일구어간다. 짧은 독후감을 쓰면 더 좋다. 책의 내용을 내 것으로 만들 수 있기 때문이다.

다섯 번째는 운동이다. 매일 30분 이상 걷거나 자전거를 타거나 수영을 한다. 너무 바빠서 운동할 시간이 도저히 없을 때는 맨손체조라도 한다. 형식적일 수도 있지만 하지 않는 것보다는 훨씬 더 낫다.

여섯 번째는 성공일기 쓰기다. 하루 일과를 돌아보면서 가장 잘한 일 세 가지를 글로 쓴다. 동료의 고민을 해결해준 것, 누군가에게 작은 선행을 베푼 것 등 꼭 거창할 필요는 없다. 스스로 칭찬할 수 있는 일들을 다시 떠올리면 굉장히 기분이 좋아진다. 잘못한 것은 쓰지 않는다. 성공일기의 목적은 내가 이룬 작은 성공을 확인하고 내면의 에너지를 상승시키는 것이다.

일곱 번째는 인맥을 잘 유지하는 것이다. 주위의 소중한 사람들을 잘 둘러보고 관심을 베푼다. 인맥을 위해, 즉 다른 사람을 위해 무언가를 하는 것이다. 좋은 일이 있으면 축하해주고 가끔은 안부전화도 한다. 매일 잠시라도 이를 의식적으로 실천해간다면 주위에 사람들이 많이 모이게 될 것이다.

내 인생에서 이뤄야 할 것들을 하루라는 단위에 쪼개 놓은 것, 내가 오늘 해야 하는 힘든 선택을 체계화시킨 것이 7가지 약속이다. 각자 처한 환경이 다르므로 자신에게 맞는 점검표를 만들면 좋을 것이다. 꼭 7가지일 필요는 없다. 중요한 것은 내가 정한 것을 꾸준히 실천하는 것이다. 힘든 일이지만 가치 있는 일이라면 도전해볼 필요가 있지 않은가. 꾸준히 실천하여 습관화가 된다면 얼마 지나지 않아 하루를 열정으로 지배하는 자신을 만날 수 있을 것이다. 그리고 내 삶은 바뀔 것이다. 지금 이 순간 삶이 힘들지 않다면 내리막

길을 걷고 있음을 명심하라.

힘들게, 감정을 통제하라

주변에 감정의 기복이 심한 사람이 있으면 피곤하다. 기분이 날아갈 것처럼 좋았다가 농담 한마디에 예민하게 반응한다면 대처하기가 곤란하다. 더구나 이런 사람이 상사라면 더욱 힘들다. 그런데 제일 힘든 사람은 뭐니 뭐니 해도 본인이다. 감정을 다스리지 못하는 본인이 가장 피곤한 법이다. 감정을 조절하지 못하는 사람이 한 가지 일을 꾸준히 해내는 것을 본 적이 있는가? 그의 주위에 사람이 모이는 것을 본 적이 있는가?

기분이 나쁜 일이 있을 때는 얼른 자신이 기분이 나쁘다는 사실을 인식하려는 노력이 필요하다. 자기 감정을 인식함으로써 거기서 벗어날 수 있는 것이다. 화가 나서 소리를 지르면 더욱 화가 나는 것처럼 나쁜 감정에 몰두할수록 더욱 더 격해진다.

나 역시 늘 '감정의 시험'에 빠진다. 이제는 웬만한 거절은 견딜 수 있는 내공이 쌓였지만 고객에게 바람을 맞는 일은 여전히 힘들다.

작은 사업체를 운영하는 고객이 어느 금요일 오후에 전화를 했다. 보험을 늘리고 싶으니까 다음날 10시에 방문해달라고 했다. 그때 외부에 나와 있었는데 저녁까지 스케줄이 차 있었다. 비서에게 전화를 걸어 설계를 지시하고 밤늦게 우리 집 근처에서 만나 자료를 넘겨받았다. 토요일은 쉬는 날, 가족과 함께 보내고 싶은 마음이 굴뚝같은데도 양복을 차려입고 나갔다. 그래도 보험을 늘리겠다고 하니 얼마나 고마운 일인가.

약속장소로 향하면서 늘 그렇듯 확인전화를 했는데 어찌된 영문인지 전화가 되지 않았다. 설마하며 고객의 사무실로 들어갔는데 썰렁했다. 출근한 직원이 몇 명 있었다. 직원들도 사장님이 어디 있는지 모른다고 했다. 확실한 것은 오늘 출근하지 않았다는 것뿐이다. 서너 번 전화를 한 끝에 통화가 되었다.

"아, 미안해요. 지금 관악산에 와 있어요. 오늘 약속을 깜빡하고 왔는데 연락을 하려다가 너무 이른 시간이라서 안 했어요."

약속을 바꾸겠다는 문자 하나만 보내줬어도 이렇게까지 멀리 찾아오지 않아도 되었을 텐데 무척 야속하게 느껴졌다. 약속을 한 게 오래 전이면 몰라도 바로 어제 오후의 일이다. 그것도 내가 전화한 게 아니다. 약속 시간도 고객이 잡았다. 그런데 결국 귀중한 토요일 오전 시간을 허비하고 만 것이다.

그래도 고객에게 속마음을 보이지 않는다. 프로라면 스스로 감정을 잘 통제할 줄 알아야 한다. 아무리 매너 없는 고객을 만나도 화를 내며 싸울 수는 없지 않은가.

"아, 그러세요. 그러면 제가 다시 들르면 되죠. 신경 쓰지 마시고 등산 즐겁게 하세요."

웃으면서 인사를 하고 다음 주 월요일에 다시 전화하기로 했다. 엎친 데 덮친 격으로 돌아오는 길이 꽉 막혔다. 참고 있던 짜증이 치밀어 오르는 순간 이래서는 안 된다는 생각을 했다. 감정이 흐르는 대로 맡겨두어서는 안 된다.

경쾌한 음악을 틀었다. 그러고는 속으로 외쳤다.

'아, 기분 좋다. 이 분, 이제 나한테 너무 미안해서라도 내 보장플랜대로 계약할 수밖에 없을 거야. 점점 더 계약이 다가오고 있는 거야.'

이런 때일수록 스스로 마음을 잘 추스르면서 일을 해야 한다. 자칫하면 '비서랑 나랑 퇴근도 못하고 준비를 했는데 그 약속을 잊다니. 내가 이런 대접을 받고 일해야 하나'라는 식으로 부정적 마인드의 늪에 빠지고 만다.

약속을 하고 확인전화까지 하고 갔는데 자리에 없는 경우도 있다. 고객은 잘 모르겠지만 공을 들여서 며칠 전부터 자료를 준비하고 때로는 꼭 그 시간에 와달라고 해서 미리 잡혀 있던 약속을 깨고 가기도 한다. 내가 통제할 수 있는 상황이라면 모르지만 내가 통제할 수 없는 상황에 대해서는 긍정적으로 받아들이는 것이 상책이다. 이렇게 일방적으로 약속을 어기는 경우는 내가 통제할 수 없는 상황이지 않는가. 이처럼 부정적인 상황에서도 오히려 긍정적인 요소를 찾아내는 것이 중요하다.

내가 고객을 위해서, 고객을 도와주기 위해 노력한 것에서 의미를 찾고 왕성하게 활동할 수 있음을 감사하게 생각한다. 이렇게 하지 않으면 스트레스가 계속해서 나를 괴롭힌다. 기분이 나빠진 상태에서 긍정적인 요소를 찾아내는 것은 여간 어려운 일이 아니다. 긍정적인 요소를 생각하는 중에도 부정의 늪에 빠지는 때가 많다. 그래도 감정을 끌어올리는 힘든 선택을 해야 한다. 그 순간에는 감정에 내맡기는 것이 쉬울지 몰라도 결국에는 더 큰 문제를 불러오기 때문이다.

그 고객과는 다시 통화를 하고 약속을 잡았다. 이번에는 바람을 맞히지 않았고 큰 금액의 연금도 들었다. 그때 내가 조금이라도 감정을 드러냈다면 어땠을까? 잠시 동안만 속이 시원할 뿐 마음은 오히려 더 불편해졌을 것이다. 그리고 추가 계약도 성사시키지 못했을 것이다.

꼼꼼하게, 열정을 점검하라

건강은 건강할 때 지켜야 한다. 한 번 나빠진 건강을 정상으로 되돌리려면 많은 시간과 노력이 든다. 평소 꾸준히 운동을 하고 건강검진을 주기적으로 받아야 하듯 열정도 지속적인 관리와 점검이 필요하다. 계속해서 뜨거운 상태를 유지하는 것이 더 힘든 것처럼 보이지만 한 번 식은 열정을 다시 뜨겁게 하는 것이 더욱 어렵다.

라이프플래너는 늘 새로운 사람을 상대해야 한다. 사람을 만나서 말하고 듣는 일만큼 에너지 소모가 많은 일도 없다. 집중을 해야 하기 때문에 듣는 일도, 말하는 일도 힘들다. 상담이 끝나면 체력 소모가 많이 됐다는 걸 느낀다. 거기다 거절도 있고 해약도 있다. 일상생활에서 벌어지는 일까지 자연스럽게 벌어지는 일들은 대부분 열정을 갉아먹는 것들이다. 의도하지 않은 일이 벌어져 열정을 높여주는 행운은 좀처럼 일어나지 않는다.

영업직이 아닌 일반직도 마찬가지다. 성격이 까다로운 동료 때문에 힘들고, 상사의 부당한 명령이나 꾸지람 때문에 힘들다. 가만히 있으면 어느새 부정적인 생각이 가득 차고 열정은 온 데 간 데 없다.

그런데 많은 사람들이 자신의 열정이 식었다는 사실을 인식하지 못한 채 지낸다. 부정적인 감정에 빠져 미쳐 열정을 둘러볼 틈이 없는 것이다. 그러면 일은 점점 더 꼬이고 그럴수록 더욱 부정적인 상태에 빠진다. 문제는 본인 내부에 있는데도 다른 사람을 탓하게 된다.

주변의 라이프플래너들에게서 너무나 자주 목격하는 사례다. 열정이 식은 라이프플래너는 우선 실적이 떨어진다. 자신의 에너지가 넘쳐나야 그것을 고객에게 전달할 수 있다. 그것이 설득이다. 논리적으로 하는 설득보다 열정으로 다가가는 설득이 훨씬 더 강하다.

고객이 거절할 때 상처받지 않고 밀리지 않으려면, 즉 부정적인 에너지를 받을 때 그것을 이겨내려면 자기 안에 긍정적인 에너지가 가득 차 있어야 한다. 열정이 식으면 고객은커녕 자기 자신조차 설득하지 못한다. 처음 일을 시작할 때의 의미는 옅어지고 내가 왜 이 일을 해야 하는지 회의가 든다. 언제까지 인간적인 모멸감을 견디면서 일해야 하는가, 나이가 들어서도 무거운 가방을 들고 다녀야 하는가 하는 자괴감이 드는 것이다.

그럴수록 실적은 더욱 더 떨어지는 악순환이 반복된다. 활동을 잘하다가 자신의 열정이 식었음을 감지하지 못하고 꾸역꾸역 일을 하다가 끝내 슬럼프에서 빠져나오지 못하는 경우를 너무나 많이 보았다.

늘 자신의 열정을 점검하는 자세가 필요하다. 영업하는 사람들은 실적이 떨어진다는 명확한 지표가 있어서 비교적 점검이 쉽다. 다른 업종에서도 마음만 먹으면 열정의 지표를 만들 수 있을 것이다. 열정의 건강이 악화되기 전에 수시로 점검하고 스스로 끌어올리려는 노력이 필요하다.

사람의 생각은 가만히 앉아 있으면 자연스럽게 부정적인 쪽으로 기운다. 의식적인 행동이 필요하다. 좋은 일이 있어서 기분이 좋아지는 게 아니라 스스로 기분을 좋게 함으로써 좋은 일이 생긴다는 마인드를 가져야 한다. 기분이 좋은 상태였다가도 어깨를 구부정하게 하고 인상을 찌푸린 채 걸으면 머릿속에는 암울한 생각만 떠오른다. 조금 안 좋은 일이 있더라도 어깨를 쫙 펴고 보폭을 크게 디디면 저절로 힘이 난다. 기분이 행동을 통제하기도 하지만 행동으로써 기분을 통제할 수 있다. 우울증에 걸린 사람에게 열정이 있을 수 없다. 가만히 앉아서 생각만으로 우울증을 극복하기는 어렵다. 우울증 증세가 있는 한 소설가는 아무 생각 없이 그냥 걷는 것만으로도 긍정적으로 바뀐다고 한다.

나 역시 그런 경험을 많이 해보았다. 가끔은 전화 걸기가 싫을 때가 있다. 전화는 사람을 만나는 첫걸음이다. 그러니 전화 걸기 싫다는 생각이 드는 것은 라이프플래너에게는 최대의 위기가 찾아왔다는 신호이다. 그럴 때는 일부러 행동을 크게 하고 목소리도 크게 내어본다. 스트레칭도 하고 일부러 웃는 얼굴을 만들어본다. 그리고는 다시 부정적인 생각이 들 틈이 없이 전화번호를 재빨리 누른다. 고객과 통화를 하게 되면 부정적인 생각은 점점 없어진다.

약속이 모두 깨져서 누군가처럼 극장이나 사우나에서 시간을 보내버리고 싶을 때 사무실에 앉아 고객들에게 전화를 걸다 보면 뜻밖에도 실마리가 풀린다. 최근에 아기가 태어나 보험을 증액하고 싶다거나 혹은 주위 사람이 보험에 관심이 있으니 만나보라는 이야기를 꼭 듣게 된다. 그래서 '갈 곳이 없을 때에는 무조건 전화기를 들어라'라는 것이 나에게는 하나의 공식처럼 되었다.

나는 차에서 보내는 시간이 많다. 고객을 만나러 가는 차 안에서는 최대한 힘을 모아야 하고 고객을 만나고 돌아오는 차 안에서는 소모된 열정을 다시 채워야 한다. 자동차는 내 열정을 컨트롤하는 중요한 공간이다. 그래서 차에서는 되도록 신나는 음악을 듣는다. 한두 소절 따라 부르다 보면 기분이 좋아지고 부정적인 생각의 찌꺼기들이 모두 긍정적으로 바뀐다.

동료들도 중요하다. 어디를 가든 항상 부정적인 사람은 있기 마련이다. 회사와 동료에 대한 불만을 입에 달고 사는 사람이 있다. 그들과 함께하면 나 역시 부정적인 에너지에 물들게 된다. 부정적인 사람은 멀리하라. 특히 내가 부정적일 때는 부정적인 사람들을 만나고 싶어진다. 그럴수록 긍정적인 동료, 뭔가 힘을 주는 사람을 만나 에너지를 보충해야 한다. 언제든 연락할 수 있도록 긍정적 에너지를 주는 사람들의 명단을 만들어두는 것도 도움이 될 것이다.

| **번거롭게, 시간을 기록하라**

해마다 목표를 정하는 사람은 많지만 한 해가 끝나갈 때 그 목표를 이룬 사람은 많지 않다. 여러 가지 이유를 들 수 있겠지만 목표라는 큰 덩어리를 어떻게 쪼개느냐에 따라 목표 달성의 여부가 달려 있다고 생각한다.

건강을 위한 목표를 세운다고 하자. 이때 일주일에 세 번, 1시간

이상 운동을 한다는 것은 목표가 아니다. 몸무게를 5킬로그램 줄인다든지, 뱃살을 빼 허리둘레를 3인치 줄인다든지 하는 것이 목표다. 여기에는 실행 방안이 없다. 실행을 하려면 트레이너에게 상담을 받아야 한다. 그래야 일주일에 몇 번 운동을 해야 하는지, 식습관은 어떻게 바뀌어야 하는지 나온다. 이렇게 목표에서 시작해 당장 실행 가능한 형태로 바꾸는 것이 관건이다. 실행 가능한 형태가 아니거나 너무 큰 덩어리일 경우 목표는 이뤄지지 않는다.

라이프플래너들도 연초가 되면 각자 목표를 정하고 동료들 앞에서 발표한다. 프로답게 스스로 목표를 설정하고 새롭게 뛰겠다는 멋진 각오를 한다. 그런데 재미있는 것은 누가 목표를 달성하고 누가 달성하지 못할지 웬만큼 보인다는 것이다. 정말로 이루고 싶은, 가슴에 와 닿는 목표를 만든 사람은 그것이 자신의 것이라는 느낌이 강하게 들기 때문에 눈빛과 표정이 다르다. 하지만 발표를 위한 발표를 하느라 그럴싸한 목표를 세우고 정말 이룰 수 있을지 스스로도 반신반의하는 경우 그 목표는 결코 이루어질 수 없다.

누구나 연간 목표는 원대하다. 당연히 그래야 한다. 자기가 할 수 있는 것보다, 여태까지 해왔던 것보다 더 높게 잡아야 한다. 하지만 결과에 대한 과욕은 금물이다. 이때의 과욕이란 목표의 높고 낮음이 아니다. 내가 흘린 땀보다 더 많은 열매를 가지려고 하는 것을 말한다. 땀 흘려 노력하지 않고 좋은 결과만 탐내다가는 반드시 옳지 않는 일을 하게 되고 결국 파멸에 이르게 된다.

목표가 가슴에 와 닿았다면 그 다음엔 잘게 나누어야 한다. 우리 라이프플래너들이 일반적으로 쓰는 방법은 연간 목표를 최대한 잘게 나누는 것이다. 1년의 목표를 12개월로 나누면 월간 목표가 생긴다. 그것을 4로 나누면 주간 목표가 생긴다.

예를 들어 주간 목표를 100만 원의 보험 계약으로 설정했다고 가정하자. 자신이 평균적으로 계약하는 건당 액수를 20만 원이라 할 경우 일주일에 다섯 건을 계약해야 한다. 다섯 건을 계약하려면 몇 명을 만나야 하는가? 각자 대수의 법칙에 따른 타율이 있을 것이다. 하지만 편의상 타율을 5할, 즉 열 명을 만나야 다섯 명을 고객으로 만들 수 있다고 하자.

다음은 전화를 몇 통 걸었을 때 열 명을 만날 수 있는지에 대한 자신만의 통계를 알고 있어야 한다. 서른 명에게 걸었을 때 열 명과 약속이 잡혔다면 전화를 걸 서른 명의 명단이 매주 확보되어야 한다. 서른 명의 명단은 소개에 의해 확보한다. 즉, 한 명당 최소 세 명 이상 소개를 받아야 한다는 결론에 이르게 된다. 이제 할 일은 간단하다. 매주 만나는 열 명에게서 매번 세 명의 이름을 받아내는 일이다. 그저 반복적으로 세 명의 소개만 받아내면 된다. 이것에만 집중하면 주간, 월간 그리고 꿈꾸던 연간 목표를 모두 이룰 수 있다.

산 정상을 올려다보며 올라가면 무척 부담스럽지만 한 발 앞만 바라보며 한 걸음씩 내딛으면 결국 정상에 오르게 되어 있다. 산을 옮기는 것도 한 삽부터 시작된다. 지금 당장 실행할 수 있을 만큼 작은 목표로 쪼개는 것이 관건이다. 당장 실행에 옮기기에 막연한 목표는 1년이 흘러도, 아니 죽을 때까지도 이룰 수 없다. 자신이 꿈꾸는 것들을 이루고 싶다면 지금 한 발을 내딛을 때 어떻게 내딛어야 하는지 답을 구해야 한다. 그 한 발이 모여 1년의 성과를 이룬다.

목표는 120퍼센트를 잡을 수도 있고 300퍼센트를 잡을 수도 있다. 중요한 것은 그것을 얼마나 잘게, 당장 실행 가능할 정도로 나누느냐에 달려 있다. 나누어봤는데 너무 많다면 실행 불가능하다. 이를테면 일주일에 200만 원의 계약을 하겠다고 목표를 세웠다. 앞의 예와 조건이 같다고 했을 때 매주 60명을 소개받고 전화를 걸어야 한다. 이럴 경우 그냥 열심히 하면 되겠지라고만 생각한다면 결코 열심히 되지 않을뿐더러 목표를 이룰 수 없다. 자신의 과거 기록에 비해 비약적인 도약을 이루고 싶다면 무엇을 변화시켜야 하는지 연구해야 한다. 이를테면 타율을 높이는 방법을 생각해볼 수 있다. 그러면 상담 기법을 더 연구하고 설득력을 높이는 방법을 연구해야 한다는 결론이 나온다. 혹은 부자 고객으로 시장을 옮기는 방법을 생각할 수 있다. 그렇게 해서 건당 보험료를 높게 하는 것이다.

돋보기로 커다란 종이를 한꺼번에 태울 수 없다. 한곳에 집중적으로 빛을 쏘아야 한다. 마찬가지로 목표를 이룰 때도 열정을 아주 좁은 한곳에 집중해야 한다. 원대한 목표를 아주 명확하고 간단한 실천 사항으로 나눌 때라야 실행이 가능하다.

이렇게 실행 가능한 크기로 목표를 쪼개려면 무엇이 필요할까? 그것은 지나간 시간의 기록이다. 자신의 업무 성과에 대한 자료가 있어야 한다. 그냥 닥치는 대로, 눈에 보이는 대로, 끌리는 대로 일한 사람은 자신이 일주일에 얼마만큼의 성과를 내었는지에 대한 자료가 없기 때문에 체계적인 미래 계획을 세우지 못한다. 그래서 반짝 하는 열정으로 계획을 세우게 된다. 열심히 하면 되겠지라고 생각한다. 그러나 기억을 가만히 되짚어보면 계획을 세울 때마다 같은 말을 반복했음을 알게 될 것이다.

시간과 성과를 기록하는 일은 번거롭기 짝이 없다. 기록하기 애매한 경우도 있다. 그래도 기록해야 한다. 결국 기록하기 애매했던 요소들이 당신의 인생까지 애매하게 만들 수 있기 때문이다.

● 김철웅이 만난 열정

신념으로
비행하라

2006년 미국 샌디에이고에서 열린 MDRT 연차총회에서 만난 마일즈 힐튼 바버(Miles Hilton-Barber)는 10년 가까운 세월 동안 힘든 도전을 해왔다. 30세 때 희귀한 유전질환으로 시력을 완전히 잃은 그는 증세가 같은 형이 요트로 남아프리카공화국에서 호주까지 항해하는 것에 자극받아 모험을 감행하기 시작했다.

그의 무모한 도전은 1999년부터 시작되었다. '지구에서 가장 걷기 힘든 대회'에 참가해 250킬로미터를 걸어 사하라사막을 횡단했다. 시베리아에서 열린 '지구에서 가장 추운 마라톤'과 중국을 횡단하는 '울트라 마라톤'에 참가해 완주했다. 아프리카 대륙의 최고봉 킬리만자로와 알프스산맥의 최고봉 몽블랑에 올랐고 시각장애인 최초로 썰매를 끌며 남극대륙 400킬로미터를 횡단했다.

뿐만 아니라 초경량 비행기로 런던에서 시드니까지 비행했다. 2007년 3월 7일 그는 초소형 비행기를 타고 런던 공항을 출발했다. 그의 나이 58세였다. 조수가 있긴 했지만 비행기 조종의 대부분은 그가 했다. 비행 도중 죽을 고비를 많이 넘겼는데 시리아 상공에서는 날씨가 나빠 비행기와 옷에 고드름을 단 채로 조종을 했고 사우디아라비아 상공에서는 돌풍을 만나 순식간에 수십 미터를 수직 상승하기도 했다. 그는 지구 반 바퀴에 해당하는 21,000킬로미터를 비행한 후 4월 30일 시드니 공항에 무사히 도착했다.

시드니 공항에 도착한 후 그는 이렇게 말했다.

"나는 어릴 때부터 파일럿을 꿈꿔왔습니다. 완전히 실명한 내가 지구 반 바퀴를 도는 영광을 누렸습니다. 그러나 여기서 중요한 것은 내가 해냈다는 것이 아니라 이 모험을 통해 기금을 마련하고 가난한 나라 사람들의 실명을 예방할 수 있게 되었다는 것입니다." 그가 도전을 하는 이유는 '나는 다시 볼 수 없지만 세상에는 단돈 60달러만 있어도 시력을 되찾을 수 있는 어린이들이 있기' 때문이다. 환갑의 나이에도 열정적인 도전을 할 수 있는 힘은 '돈 때문에 앞을 보지 못하는 사람이 있어서는 안 된다'는 신념에서 나온 것이다.

02 작은 것에서부터 힘든 선택을 하라

선택은 인생의 진로처럼 중대한 일에만 쓰이는 단어가 아니다. 조금 과장하면 심장이 뛰는 것처럼 자율신경계 작용 이외의 모든 것이 우리의 선택에 따른 것이다. 무의식적인 습관 역시 반복된 선택의 산물이다.

중대한 선택만이 우리의 인생에 영향을 미치는 것은 아니다. 오히려 습관적 선택이 우리를 만든다. 작고 사소한 곳까지 선택의 촉수를 뻗어라. 무의식적 선택이 자신을 결정하게 하지 말라. 그리고 작고 사소한 것에서부터 힘든 선택을 하라. 힘든 선택이 습관이 될 때까지 선택을 반복하라.

발끝까지 프로의 면모를 갖춰라

길을 가다가 정말 마음에 드는, 꿈에도 그리던 여성(혹은 남성)을 봤다고 하자. 핸드폰 번호라도 받을 요량으로 용기를 내어 말을 붙이는데 자신이 슬리퍼에 추리닝 차림이라면, 거기다가 머리까지 부스스하다면? 결과는 보나마나다. 다음에 멋진 모습으로 만나더라도 첫인상이 '폭탄'이었기 때문에 이를 극복하려면 정말 많은 노력이 필요하다. 각고의 노력을 해도 극복하지 못할 수도 있다. 반대로 깔끔한 정장 차림이라면 어떨까? 전화번호를 받을 확률이 훨씬 더 높지 않겠는가.

이렇게 보면 첫인상은 기회다. 특히 세일즈맨은 첫인상에 따라 상품을 설명할 기회를 갖기도 하고 문전박대를 당하기도 한다. 상담할 기회를 잡더라도 첫인상이 나쁘면 아무리 열심히 설명해도 고객에게 전달되지 않는다.

내 차에 항상 손톱깎이가 있는 이유도 바로 첫인상 때문이다. 고객을 만나러 갈 때 혹시라도 긴 손톱에 때가 끼어 있을 수 있다. 그런데 혹시라도 지저분한 사람들을 신뢰하지 않는 사람을 만난다면 어찌될까? 사람을 판단할 때 하나를 보고 열을 알 수 없다. 하지만 그것은 내 생각일 뿐이고 고객들이 내 손톱 하나를 보고 나를 평가하는 것을 막을 수는 없다. 공을 들여 상담을 했는데 사소한 것 때문에 고객의 마음을 놓친다면 얼마나 아깝겠는가?

열정적으로, 합리적으로, 설득력 있게 보험을 설명하는 라이프플래너의 이에 고춧가루가 끼어 있으면 그의 이야기에 고객은 제대로 집중하지 않는다. 고춧가루에 신경이 쓰여 정신이 분산되기 때문이기도 하지만 제 이에 낀 고춧가루도 처리하지 못하는 사람에게 어떻게 자기 인생에 닥칠지 모를 위험을 맡길 수 있겠는가?

내 가방에는 긴 구두주걱이 있다. 고객의 집에 갔다가 나올 때를 위한 것이다. 구두주걱이 없는 가정이 있을 수 있고 있더라도 고객의 물건을 함부로 쓸 수는 없다.

"그런 것도 가지고 다니세요?"

내가 구두주걱을 꺼내 구두를 신으면 고객들은 더욱 신뢰감 있는 눈으로 나를 바라본다. 정말 프로의 자세를 갖추고 있다고 생각하는 것이다. 손가락을 끼워서 구두를 신거나, 혹은 발을 콩콩 찧어서 구두를 신는 모습은 아무리 봐도 프로의 모습으로 보이지 않는다. 그리고 나는 매일 고객들과 악수하는 사람이다. 발을 만졌던 손으로 내 소중한 고객들의 손을 잡는다는 건 내가 볼 때 예의가 아니다.

그래서 늘 상담 직전에 화장실을 찾아 머리카락부터 구두까지 구석구석을 점검한다. 어깨나 머리에 비듬은 없는지, 넥타이는 똑바로 매여 있는지, 코털이 삐져나와 있지는 않은지 등을 꼭 확인한다. 입냄새가 나면 가글도 하고 악수하는 방법, 눈빛 하나까지 신경을 쓴다. 그런데 어떤 세일즈맨들은 전날의 과음으로 눈이 벌겋게 된 채로 쾌쾌한 담배냄새까지 풍기며 감히 고객에게 얼굴을 내민다. 내용이 중요하지, 내 마음이 중요하지 외모가 뭐 중요하냐고 강변할지 모른다. 하지만 이렇게 말하는 사람이 좋은 성과를 올리는 경우를 본 적이 없다.

내가 아는 한 일본 라이프플래너는 나보다 훨씬 더 '지독한' 사람이다. 그는 고객의 집에 가면 우선 손수건을 꺼내 바닥에 펼친다. 그리고는 고객이 보는 앞에서 그 위에 가방을 놓는다. 청결함을 매우 중요하게 생각하는 고객이 '화장실 등 아무 데나 놓였던 저 지저분한 가방을 우리 집 거실에 내려놓는다'며 찝찝하게 생각할지도 모르기 때문이다. 그런데 혹시라도 '아, 저 손수건으로 코를 풀었다면 저것도 더러울 텐데'라고 생각하는 고객이 있을까봐 일부러 헛기침을 한 후 다른 손수건을 주머니에서 꺼내어 사용해 보이기도 한다.

왜 그러는지 고객이 물으면 이렇게 대답한다고 한다.

"고객의 깨끗한 집을 이 더러운 가방으로 더럽힐 수 있겠습니까?"

이런 라이프플래너를 유난스럽다며, 그래서 신뢰가 가지 않는다고 할 고객은 없다. 오히려 이 정도의 정신이라면 만일의 경우를 위해 나와 내 가족을 맡겨도 되겠다고 믿어줄 것이다.

힙합바지에 피어싱을 한 군인을 상상할 수 있는가? 밀짚모자를 쓴 은행원을 상상할 수 있는가? 자기 분야에서 최고의 프로는 어떤 모습을 하고 있을까를 상상해보라. 그리고 그대로 하라.

프로의 모습을 갖추지 않은 사람 중에도 뛰어난 성과를 내는 사람이 있을 수 있다. 그러나 대부분은 성과가 나쁘다. 정신이 흐트러져 있는 이유도 있지만 고객의 신뢰를 받지 못하기 때문이다. 흐트러진 외모로 고객의 신뢰를 받기는 어렵다. 첫인상은 단 몇 초 만에 결정된다고 한다. 나쁜 첫인상을 긍정적으로 바꾸는 데는 많은 노력이 필요하다. 굳이 힘들게 일할 필요가 있을까? 더구나 라이프플래너들은 나쁜 첫인상 때문에 상담이 실패로 끝났을 경우 그 이후에 그것을 만회하기란 여간 어려운 일이 아니다.

사소한 것에서 **출발하라**

사소한 실수 때문에 오랫동안 공들였던 일을 그르치게 되면 아무리 열정에 넘치던 사람이라도 맥이 빠지기 마련이다. 중요한 것은 중요하기 때문에 누구나 신경을 쓴다. 그런데 사소한 것은 사소하다는 이유 때문에 소홀하게 취급한다. 사소한 실수가 항상 일을 그르치게 만들지는 않는다. 그래서 더 사소하게 여기게 되는데 그러다가 결정적인 순간에 뒤통수를 맞는다.

유명한 여성 골퍼가 스코어카드에 사인을 하지 않고 제출하는 바람에 실격 처리된 일이 있었다. 사인 좀 하지 않았다고 실격 처리한 것은 너무하다는 반응도 있었고 엄격한 규칙 적용에 대해 괘씸죄 때문이라는 분석도 있었다. 침체기에 놓인 여성 대회에는 참가

하지 않고 남성 대회에 참가한 것이 주최측의 심기를 불편하게 했다는 것이다.

괘씸죄든 아니든 원인은 그 선수에게 있다. 사소한 것이라고 사소하게 넘겼다가 그동안의 노력을 수포로 돌아가게 만든 것이다.

나도 사소한 실수 때문에 고객의 신뢰를 잃을 뻔한 일이 종종 있다. 한번은 나를 신뢰해 주변의 지인들을 많이 소개해준 분이 노발대발하며 전화를 했다. 불과 얼마 전 명절 때에 소개에 대한 감사 선물로 배 한 상자를 보냈었고 그 답례로 그쪽에서는 갈비를 보내주었다. 그냥 라이프플래너와 고객과의 관계를 넘어 서로 소중한 존재가 되어가고 있던 차였다.

서울 시내의 동부간선도로를 달리고 있을 때였다.

"이럴 수가 있어요? 어떻게 담당자가 그걸 모를 수 있어요?"

"무슨 일 때문에 그러시는지……."

"나는 주소 변경을 한 적이 없어요. 어떻게 내 우편물이 엉뚱한 곳에 가고 있는데 담당자가 그걸 모를 수가 있냐고요. 정말 실망했어요."

알고 봤더니 비서가 컴퓨터에 주소를 입력하는 과정에서 실수를 한 것이었다. 분당에 사는 고객에게 가야 할 우편물이 충청도에 사는 동명이인에게 가고 있었다. 고객은 자신에게 올 우편물이 다른 사람에게 갔다는 생각만으로도 소름이 끼친다고 했다. 평상시 나를 따뜻하게 대하던 모습을 생각하면 그렇게 화를 낼 것 같지 않은데도 정말 엄청나게 화를 냈다. 여러 차례 사죄를 하고 이야기가 잘되어 다행히 고객의 화를 풀게 할 수 있었다. 라이프플래너가 가장 힘들 때는 계약이 안 될 때가 아니라 신뢰가 무너질 때다. 사소한 실수 때문에 실망한 고객이 해약하는 일을 주변에서 종종 보곤 한다.

사실 실수를 저지르는 사람 입장에서는 사소한 것이지만 당하는 고객 입장에서는 중대한 실수다. 보험에 가입한 고객에게 라이프플래너는 자신에게 일이 생겼을 때 남은 가족을 돌봐줄 사람이다. 라이프플래너가 실수를 남발하는 믿을 수 없는 사람이라면 어떻게 가족을 맡길 수 있겠는가. 가뜩이나 힘든 가족들을 더 힘들게 만들지도 모르는 라이프플래너라면 오히려 해약하는 편이 고객으로서는 현명한 판단일지 모른다.

고객은 언제든 떠날 준비가 되어 있다. 작은 실수에도 고객은 등을 돌린다. 그래서 고객은 정말 무서운 존재이며 항상 정성을 기울여야 하는 대상이다. 사소한 부분까지 신경을 써야 한 번 인연이 된 고객과 오래도록 함께할 수 있다.

거대한 둑이 무너지는 것도 그 시작은 개미구멍처럼 사소한 것이다. 사소하다고 방치하면 결국 큰 구멍이 생기기 마련이다. 사소한 실수 때문에 귀중한 열정을 낭비해서는 안 된다. 사소하다고 '대충' 처리하다 보면 거기서 문제가 생겨서 열정을 낭비하게 된다. 또한

'대충' 일하는 게 버릇이 되어버릴 수도 있다. 작은 일에서도 열정을 다해야 큰일을 할 때도 열정을 불태울 수 있다. 모든 일에 열정을 다하는 습관이 필요한 것이다.

○ 김철웅이 만난 열정

세상을 바꾸려면 자신이 변해야 한다

2006년 미국 샌디에이고에서 열린 MDRT 연차총회에서 케코아 원(Kekoa Won)은 자신의 삶을 스토리로 '변화'에 대해 실감나게 강연했다.

케코아 원은 폭력을 일삼는 알코올 중독자 아버지를 두었다. 그는 매일 아버지로부터 폭력과 폭언에 시달려야 했고 어머니가 당하는 학대까지도 목격하면서 어린 시절을 보냈다. 열 살 때에는 형이 목을 매 자살을 했고, 다른 형이 살인죄로 종신형을 선고받았을 때 그는 자살을 시도한 적도 있었다. 어머니마저 자살을 시도하여 혼수상태에 빠지기도 했다. 그는 자신의 가족은 모두 철장 속에 갇힌 삶이었다고 했다. 그리고 아버지를 절대 용서할 수 없다고 했다.

그러한 절망적인 삶 속에서 고등학생인 그에게 변화가 생기기 시작했다. 전 세계의 고등학교를 돌며 아이들의 마음을 열게 만들고 자기 자신뿐 아니라 다른 이들도 다르게 생각하려고 노력하는 '챌린지 데이(Challenge Day)'를 만나게 된 것이었다. 그는 고통의 사막을 챌린지 데이를 통해서 극복했다. 그는 '우리 모두는 축복받았으며 이 세상에 나누어야 하는 재능을 가지고 있음'을 깨닫게 된다. 그의 삶은 완전히 달라졌고 오랫동안 원망해오던 아버지도 용서할 수 있게 되었다. 청중들을 향해 그는 '우리들 마음의 철장을 들어내어 철장 속에 갇혀 있는 것들을 꺼내'라고 했다. 그리고 변화하라고 외쳤다. 그는 강연 내내 고무된 감정으로 눈물을 펑펑 흘렸다.

강연이 끝날 무렵 어머니가 무대로 올라와 아들과 함께 청중들의 박수를 받았으며 그는 멋진 간디의 말로써 마무리했다.

"세상을 바꾸려면 자신이 변해야 합니다."

고교 졸업 후에 그는 풋볼 장학생으로 버클리대학에 진학했으며 지금은 여러 단체에서 봉사하고 있는 동시에 챌린지 데이의 리더로 활약하고 있다.

다섯 번째 STEP
열정의 보존

거북이처럼 긍정하라

거북이는 알을 낳기 위해 1800킬로미터의 산란여행을 한다.
지독하게 먼 거리, 그러나 거북이는 초조함을 모른다.
끝내 산란지에 도착할 것임을 알고 있기 때문이 아닐까?
조급함, 불안감, 절망감은 열정을 열병으로 변질시켜버린다.
길게 깊게 보라. 그리고 여유와 확신과 희망의 근거를 발견하라.

01 실패를 계획하라

어떤 일을 할 때 기대했던 대로 잘 풀려 나가면 누구나 열정이 샘솟는다. 팀 단위로 진행했던 프로젝트가 뛰어난 성과로 마무리되면 팀 내에 열정이 넘친다. 서로 북돋아주고 칭찬해주고 격려해준다. 새해에 새로운 결심을 했는데 그것이 계획대로 실행이 되면 날이 갈수록 그 결심에 대한 열정이 강해진다.

이렇게 일이 잘 풀리기만 한다면 열정이라는 부분은 걱정하지 않아도 된다. 그런데 항상 잘 풀리지가 않으니 문제다. 아니, 오히려 잘되는 경우보다 나쁘게 되거나 어정쩡하게 마무리되는 것이 대부분이다. 그러면 팀의 사기는 떨어지고 심지어 서로 비난하는 일도 생긴다. 개인적인 일에서도 그렇다. 작심삼일에 그친 결심은 그 계획표만 봐도 짜증이 난다. 시작할 때 그 뜨겁던 열정은 어느 새 사라져버리고 없다.

결심을 실행하지 못할 때, 계획이 실패할 때, 일이 예상대로 되지 않을 때 열정은 식기 쉽다. 어떤 것도 시도하지 않으면 몰라도 이 모든 실패들을 피할 방법은 없다. 실패했을 때 열정을 관리하지 못하면 지속적으로 열정을 유지할 수 없다.

실패는 성공의 신호다

작심삼일을 이겨내는 '기막힌' 방법을 들은 적이 있다. 3일마다 '작심'을 하면 된다는 것이다. 그것을 120번 반복하면 1년 내내 계획을 이행할 수 있다는 내용이다. 말은 그럴 듯한데 이렇게 하기는 쉽지가 않다. 실패를 해도 끊임없이 시도하고 도전하면 결국 성공하고야 만다는 진리를 모르는 사람은 없다. 그런데도 그렇게 하지 못하는 이유는 실패가 주는 좌절감 때문이다.

좌절감은 우리에게 참기 힘든 스트레스를 준다. 좌절감을 반복해서 겪으면 아무것도 할 수 없다는 무기력감에 빠진다. 무기력감을 강하게 느끼는 사람일수록 어지간해서는 계획을 세우지 않는다. 스트레스를 피하려는 매우 자연스러운 반응이다. 결과적으로는 자신에게 해가 되지만 지금 당장은 스트레스를 피할 수 있다는, 나름대로 합리적인 선택인 것이다. 일상 속에서 스트레스를 강하게 느끼는 사람에게 열정이 있으리라고 기대하기는 어렵다. 열정은 부정적인 상태가 아니라 긍정적인 상태에서 나오기 때문이다.

실패를 하면서도 긍정적인 태도를 유지할 수 있는 비결은 무엇인가? 그것은 실패 계획을 세우는 것이다.

라이프플래너 일은 거절당하는 일이라고 말하는 사람도 있다. 늘 거절을 당한다. 전화를 했을 때 제대로 응대해주지 않으면 거절당한 것이다. 잘 응대해주더라도 만날 시간을 주지 않으면, 만났더라도 계약을 하지 않으면 그것도 거절이다. 이 모두가 실패다.

지난 10년 동안 겪은 실패는 모두 몇 차례나 될까? 나는 일주일에 평균 열 명에게 계약을 시도했다. 그중에 계약을 하지 않는 사람이 여섯 명 정도이다. 일주일에 여섯 번은 실패를 한 것이다. 1년이면 300번, 10년이면 약 3000번의 실패를 한 것이다. 게다가 전화로 약속을 잡으려다가 실패한 횟수는 이보다 훨씬 더 많다. 이렇게 많은 실패를 했음에도 불구하고 나는 보험업계에서 성공적으로 잘해왔다는 평가를 받고 있다.

무수히 많은 실패를 하면서도 내가 좌절감을 겪지 않고 열정을 유지할 수 있었던 비결은 대수의 법칙을 믿었기 때문이다.

세일즈 세계에서는 대수의 법칙이 잘 알려져 있다. 쉽게 말해 주사위 놀이와 비슷하다. 주사위를 던져서 1이 나올 확률은 1/6이다. 여섯 번을 던졌을 때 1이 두 번 이상 나올 수도 있지만 한 번도 나오지 않을 수도 있다. 하지만 100번을 던지면 1/6에 가까워진다.

세일즈에서는 열 명에게 전화를 했더니 그중 세 명과 약속이 잡히더라, 그 세 명을 만났더니 그중 한 명이 계약을 하더라는 식으로 적용된다.

나는 매주 여섯 번의 실패를 했지만 보통 네 번은 성공을 했다. 이 말을 뒤집어보면 네 번의 성공을 하기 위해서 여섯 번은 실패를 해야 한다는 뜻이다. 대수의 법칙은 때로 신비롭기까지 하다. 매주 세 건 이상의 계약을 해내는 3W를 이어가야 하는데 금요일까지 단 한 건도 계약을 하지 못한 적이 있었다. 일곱 번 실패한 것이다. '드디어' 3W가 깨지는가 보다 했는데 그 이후에 상담한 고객이 모두 계약을 해주어서 3W를 이어갈 수 있었다. 세 건의 계약을 채우지 못한 채 일요일 되었던 적도 있었다. 이번에는 정말 깨지는가 보다 하는데 지금 당장 계약하고 싶다는 전화가 온다. 이런 경험들을 많이 하다 보니 이제는 대수의 법칙을 확고하게 믿게 되었다. 금요일까지 한 건도 계약하지 못해도 불안하지도 않고 초조해지지도 않게 되었다.

대수의 법칙을 믿기 때문에 거절, 즉 실패를 기쁘게 받아들일 수 있다. 그 믿음이 없다면 아무리 노력해도 실패를 기쁘게 여길 수는 없을 것이다. 연달아 다섯 번의 거절을 당했다면 이제 한 번만 더 거절을 당하면 이후로는 모두 계약이 되기 때문이다. 실패를 할수록 성공에 가까워지는 것이다. 거절당할 때마다 '오늘 또 심하게 거절당했구나'라고 생각하는 것이 아니라 '점점 더 계약이 다가오고 있구나'라고 기쁘게 생각한다. 라이프플래너는 더 많이 만나고 더 많이 거절당해야 한다. 그러면 반드시 계약을 성사시키게 된다.

결심을 하고 계획을 세울 때는 실패 계획도 함께 세워라. 몇 번 실패하면 성공할 수 있는가를 생각하라. 단 한 번에 성공해야 한다는 생각은 좌절감을 만들어낸다. 좌절감이 반복되면 지속적인 도전을 할 수 없다. 사소한 도전이라도 성공 경험을 쌓는 것이 필요하다. 사소한 도전일 때 몇 번 실패한 후에 성공했는지를 알면 힘든 도전일 때 몇 번 실패해야 하는지 추측할 수 있다. 계획 실행의 실패는 실패가 아니라 성공으로 다가가는 과정이라는 것을 믿어야 한다.

중요한 것은 어쨌든 계속해서 타석에 많이 들어서야 한다는 점이다. 714개의 홈런을 친 베이브 루스는 1330여 회에 이르는 삼진을 당했다. 보는 시각에 따라 '삼진의 제왕'이기도 했지만 사람들은 그를 홈런왕으로 기억한다. 몇 번 실패했는가가 아니라 몇 번 성공했는가가 더 중요하다.

실패 계획을 세우지 않았을 때 실패는 스트레스다. 그러나 실패를 계획하면 실패 역시 계획에 포함된 것이기 때문에 스트레스가 덜하다. 얼마든지 결심할 때의 열정을 지속시킬 수 있다. 삼진을 두려워하지 말고 힘껏 뜨거운 방망이를 휘둘러라. 당신이 홈런을 쳤을 때 누구도 당신의 삼진을 기억하지 않는다. 설혹 기억한다 하더라도 그 삼진은 당신의 홈런을 더욱 빛나게 만들어줄 것이다.

실패를 포용하라

대학 때부터 알던 선배가 한 명 있다. 전 직장에서도 같이 일했으니 꽤 깊은 인연이다. 내가 라이프플래너를 시작한 직후에 찾아가서 보험을 권유했더니 여유가 없다며 거절했다. 친분을 생각해서라도 그냥 작은 것 하나라도 들 법한데 그러지를 않았다.

거절이 반복되는 사이(나에게는 이 거절이 실패다) 우리가 같이 아는 사람 중에 세 명이 사망을 했다. 불행히도 세 명 모두 보험이 없었다. 장례식장에서 그 선배와 마주칠 때마다 '선배에게도 이런 일이 생길지 모른다'며 이제는 정말 꼭 준비하라고 강하게 권유도 했었다. 때로는 공포심을 조장해보기도 하고 윽박지르기도 하고 떼를 쓰기도 했다. 형을 위해서 정말 애타는 심정으로 권유하는 거니까 눈 딱 감고 준비하라며 사정을 하기도 했다. 돈이 없다고 하지만 실은 우선순위에서 보험이 뒤로 밀리는 것이다.

세월이 흐르면서 선배는 예전보다 체중도 많이 불었고 의사로부터 건강이 별로 좋지 않으니 술을 끊으라는 경고도 받았다. 이젠 보험을 들려고 해도 가입이 될지 의문이다. 하지만 지금도 만날 때마다 보험을 권유한다.

"형, 더 늦기 전에 꼭 준비해두세요. 마지막 기회예요."

"그래, 알아. 근데 지금은 여유가 없어."

"만일의 경우 딸아이 대학까지는 보낼 수 있는 자그마한 보장이라도 가입하세요."

"글쎄, 지금은 돈이 없어서 안 돼."

이쯤 되면 내가 보험 이야기를 꺼낼 때 화를 낼 법도 한데 그러지는 않는다. 나 역시 이쯤 되면 자존심이 상해서라도 더 이상 권유하지 않을 법한데 선배에 대한 애정이 있기 때문에 만나면 자꾸 이야기를 하게 된다.

이렇게 지내온 세월이 벌써 10년이다. 그동안 많은 시도를 하고 또 그때마다 거절을 당했다. 내가 그 선배를 포기하고 만다면 비로소 진정으로 실패하게 되는 것이다. 그러나 거절을 당할수록 점점 더 성공에 다가가고 있다고 생각한다. 머지않아 그 선배가 계약을 한다면 최장기 거절 이후에 계약한 고객이 될 것이다.

오랫동안의 거절을 받아들이며 끝내 고객으로 만든 경우도 있다. 작은 건설회사의 임원인 분인데 전화를 하면 딱히 거절을 하지는 않았다. 한번 오라고 해서 정작 약속을 잡으려고 하면 시간을 내주지 않았다. 화를 내거나 모욕감을 주면 내 열정을 지키기 위해서라도 연락을 하지 않을 텐데 전화 목소리로 판단했을 때 나와의 만남에 관심을 가지고 있는 게 분명했고 좋은 인연이 될 것 같은 느낌이 있었다. 전화를 하면 그쪽에서도 반가워했다. 그러나 만나자고 하면 지금은 바쁘니 다음에 보자고 했다. 얼굴도 모르지만 서로 어느덧 친한 사이가 되었다. 심지어 안부전화도 종종 하면서 관계를 유지하고 있었다. 그러다가 드디어 3년여 만에 제대로 약속이 잡혔다.

"정말 대단하십니다. 다른 사람 같으면 벌써 포기했을 텐데, 끈질기게 전화를 하시는군요. 저도 꼭 한번 만나고 싶었습니다. 다음 주에 한번 봅시다."

얼마 뒤 부인과 함께 계약을 했음은 물론이고 같은 사무실에서 일하는 직원들도 소개를 받아 계약을 이어갈 수 있었다.

실패는 나 혼자만 운이 없어서 겪는 것이 아니다. 가만히 보면 우리의 인생은 성공보다 실패가 더 많다. 실패를 포용하지 않으면 진짜 실패를 한다.

그러나 실패를 포용하면 그것은 시행착오가 된다. 실패했을 때 우리가 집중해야 할 대상은 실패를 했다는 사실이 아니다. 스트레스나 좌절감에 빠지려는 자신을 돌아보고 왜 실패했는지, 이 실패를 통해 무엇을 배울 수 있을지 찾는 것이다. 그렇게 해야 실패가 자신의 열정을 파괴하지 않는다. 여기에 관한 재미있는 이야기가 있다.

한 아버지가 공원에서 어린 아들을 데리고 걸음마 연습을 시키고 있었다. 아버지는 환하게 웃으며 아이에게 어서 오라고 손짓했지만 아이는 겨우 한 걸음을 떼고는 넘어져버렸다. 아버지는 얼른 달려가 아이를 일으켜 세운 다음 다시 앞으로 가 손짓을 했다. 아이는 한 걸음을 떼고는 또 넘어졌다. 아이의 걸음마 연습은 계속 반복되었다.

한참 동안 이를 지켜보고 있던 한 사람이 아버지에게 말했다.

"당신은 헛수고를 한 것 같소. 아이는 오늘 여든일곱 번이나 넘어졌소."

아버지는 웃으며 대답했다.

"저는 아이가 몇 번 넘어졌는지 모릅니다. 하지만 우리 아이는 오늘 여섯 걸음이나 혼자서 걸었습니다."

당신은 넘어진 횟수를 세는 사람인가 아니면 걸음을 세는 사람인가? 어디에 집중할 것인가? 보다 중요한 사실은 이 아버지는 아이가 끝내 걸을 것이라고 확고하게 믿었다는 것이다. 그리고 넘어지는 것, 즉 실패는 걷기 위한 과정이라는 것을 알고 있었다. 끝내 성공하고야 말 것이라는 믿음이 있을 때 우리는 실패를 포용할 수 있다. 몇 가지 일에서 실패를 하더라도 더 큰 그림을 위한 과정이라는 점을 받아들일 때 긍정적인 마음을 유지할 수 있으며 열정은 더욱 더 뜨거워질 것이다.

| 쉬운 일에서부터 **성공의 경험을 쌓아라**

파이널 쓰리피트(Final 3 Feet)라는 말이 있다. 미국의 서부 개척시대에 한 광부가 금맥을 찾기 위해 땅을 파기 시작했다. 여러 가지 조사

를 통해 그곳에 금맥이 있을 거라고 추측하고 굴착했지만 어쩐 일인지 아무리 파도 금맥은 나오지 않았다.

그는 점점 더 자신감을 잃어갔다. 파들어 간 깊이가 깊어질수록 작업은 더 어려워졌고 바위도 뚫던 열정은 사라져버렸다. 결국 그는 포기를 하고 굴착 기계들을 헐값에 넘겨버렸다. 기계를 인수한 사람은 혹시나 해서 조금 더 파 내려갔다.

그런데 3피트, 즉 1미터도 채 파내려 가지 않은 곳에서 엄청난 금맥이 발견되었다. 그는 백만장자가 되었다. 이 이야기는 포기하고 싶은 순간에 조금만 더 끈기 있게 노력하면 성공할 수 있다는 교훈을 준다. 나 역시 이 이야기에서 많은 에너지를 얻는다. 3W가 완성되지 않았을 때 파이널 쓰리피트를 생각하면서 마지막까지 최선을 다하려고 한다.

나와 관계가 없는 먼 옛날 사람의 이야기인데도 안쓰럽고 안타깝다. 그리고 생각한다. 만약 엄청난 금맥을 발견하기 전에 소량이라도 금이 나왔더라면 어땠을까 하고 말이다. 잘못 짚은 게 아닐까 하는 불안이 들 때, 너무 힘들어서 열정이 식을 때 손톱만 한 크기의 금이라도 나왔다면 어땠을까? 그랬다면 그는 포기하지 않았을 것이다.

실패 계획을 세우면 열정을 유지할 수 있다고 말했다. 그렇다고 그것이 열정 유지의 만병통치약은 아니다. 실패 계획을 세웠더라도 성공 경험 없이 오랫동안 실패만 한다면 누구라도 열정이 식어버린다. 그 정도의 좌절을 견뎌낼 수 있는 사람은 많지 않다.

그래서 쉬운 일부터 해야 한다. 쉬운 일을 통해 성공 경험을 쌓아야 한다.

나는 이 원리를 10년 전 나를 뽑고 트레이닝 시켜준 보험의 스승인 김경욱 세일즈매니저에게서 배웠다. 그는 수년간 성공적인 라이프플래너로 일하면서 배운 많은 경험과 노하우를 아낌없이 전수해주었다. 아무것도 모르는 나에게 보험영업의 모든 것을 알려주었다고 해도 과언이 아니다. 그에게 배운 많은 것들 중 하나가 고객을 만날 때는 쉬운 상대부터 만나라는 것이다.

책상 위에 구멍이 뚫린 많은 구슬이 있다. 그 구슬들을 실로 꿰어야 하는데 어떤 것은 구멍이 크고 어떤 것은 구멍이 작다. 어떤 구슬부터 집어야 할까? 구멍이 작아서 꿰기 어려운 것부터 할 것인가, 아니면 쉬운 것부터 할 것인가? 답은 쉬운 것부터다. 쉬운 것부터 하면서 손에 익히면 기술이 늘어가고 속도가 빨라진다. 그러다 보면 구멍이 작은 것도 빨리 꿸 수 있는 능력이 생긴다. 처음부터 어려운 구슬로 시작하면 좌절해버리기 쉽다.

그래서 처음에는 나를 인간적으로 신뢰하고 있는, 따라서 쉽게 계약해줄 수 있는 사람들을 만났다. 친한 사람들부터 만나서 훈련을 한 것이다. 그러면서 점점 더 어려운 사람들을 만났다. 경험과 스킬이 부족할 때는 어려운 사람들이었지만 이미 훈련이 되어 있었기 때문에 특별히 어렵게 느껴지지 않았다. 이렇게 단계적으로 순서를 밟았기 때문에 기복 없이 꾸준한 성과를 낼 수 있었다.

억세게 운 나쁜 광부처럼 자신의 열정을 시험에 들게 할 필요는 없다. 또 보험영업뿐만 아니라 다른 일에서도 갑자기 금맥이 터지는 경우는 드물다. 오랫동안 고전을 면치 못하다가 어떤 계기로 인해 사업이 불같이 일어난 사례를 듣곤 한다. 하지만 그렇게 해서 성공한 기업가보다는 그러다가 포기하거나 망해버린 사업가가 훨씬 더 많다.

라이프플래너들은 파란 약을 좋아한다. 이 약만 먹으면 풀이 죽어 있던 사람도 금방 기운을 차린다. 파란 약은 청약, 즉 보험 계약을 뜻하는 은어다. 계속 거절만 당하면서 풀이 죽어 있다가도 가망고객에게서 계약하겠다는 전화가 오면 갑자기 힘과 열정이 솟는다. 파란 약은 한꺼번에 먹는 것보다 꾸준히 먹는 게 좋다. 작은 성과라도 꾸준히 이뤄내는 것이 좋다. 그래야 열정과 자신감을 잃지 않을 수 있다. 그러자면 쉬운 일부터 해서 실력과 성공 경험을 쌓아야 한다.

지금 당신의 변화를 위해 할 수 있는 가장 쉬운 일은 무엇인가? 지속하기 가장 쉬운 일은 무엇인지 찾아보라. 장기적인 목표도 중요하지만 거기까지 가려면 오늘 작은 일을 성공시켜야 한다. 변화를 위해 오늘 할 수 있는 가장 사소하고도 쉬운 일은 무엇인가?

● 김철웅이 만난 열정

탁월함을 추구하라

미국 덴버에서 열린 2007년 MDRT 연차총회에서 리 쿤신(Li Cunxin)의 감동적인 인생 역정을 들을 수 있었다.

리 쿤신은 1961년 중국의 가난한 농가에서 태어났다. 집에는 수도도 없었고 난방도 되지 않았다. 아버지가 구걸까지 하며 자식들을 먹여 살리려 했으나 리 쿤신을 포함해 여섯 형제는 잠자리에 들 때면 늘 배가 고팠다. 작은 마을에서 벗어난 적이 없던 그의 삶은 우물 안 개구리와도 같았고 가난을 벗어나고 싶었지만 방법이 없었다. 그가 열 살이 되었을 때 인생을 바꾸는 큰 기회를 맞는다. 베이징에서 온 방문자들이 발레를 배울 아이들을 구하기 위해 그의 마을까지 찾아온 것이었다. 그때 담임선생님의 도움으로 뜻밖에도 리 쿤신이 발탁된다.

그는 고향에서 멀리 떠나 새로운 인생을 시작하지만 호된 연습에 외롭고 힘들기만 했다. 하지만 가난을 벗어나고 싶어 했던 그는 발레에 대한 열정이 불붙기 시작했고 다른 아이들이 모두 잠든 사이에 촛불 아래서 몰래 연습을 했다. 타고난 재능은 없었지만 결단과 노력과 인내 덕분에 그는 결국 베이징 댄스아카데미를 최우수 성적으로 졸업하게 된다. 그리고 그는 촉망받는 발레리노가 되어 미국으로 유학길에 오른다.

그 후 세계대회에서 많은 메달을 따며 세계 10대 발레리노의 위치에 오르게 된다. 또한 호주 출신의 발레리나와 결혼하고 호주 발레단에서 활동하게 된다. 가난한 중국 농가의 어린아이가 세계를 무대로 활동하며 놀라운 성공을 이룬 것이다.

그 이후 그는 호주의 증권업계에 진출해서 호주에서 가장 큰 증권회사의 수석 매니저에 오르게 되며 그의 이야기는 'Mao's Last Dancer'라는 제목의 책으로 출판되어 베스트셀러가 되었다.

그는 청중들에게 항상 탁월함을 추구하라고 강조했다. 또한 우리에게는 한계가 없으니 남들이 가지 않은 길을 가라고 힘주어 말했다. 열정 말고는 아무것도 없었던 그가 스스로 일구어낸 삶을 통해 용기와 영감을 얻게 되고 희망을 갖게 된다.

02 끝을 보고 가라

하나의 프로젝트를 시작할 때 그 끝을 보라. 자신의 직업을 바라볼 때 마지막에 어떤 일을 하게 될지를 생각하라. 눈앞의 어려움 때문에 막막해질 때 이 일도 결국은 끝이 날 것이라는 사실을 떠올려라. 거대하고 까다로운 프로젝트라도 결국은 끝이 난다. 그 일이 어떻게 끝나기를 바라는가?

처음에서 **끝을 보라**

대한민국 예비역 남성들에겐 악몽이 있다. 다시 신병으로 입대하는 꿈이다. 웬 일인지 고참인 경우는 없다. 제대할 날짜가 까마득하게 남은 신병에게 고참들은 도대체 그날이 언제냐며, 그보다는 지구 멸

망의 날이 더 빠르지 않겠느냐며 놀린다. 그때는 정말 제대할 날이 오기는 할까 생각하지만 결국 제대를 하고 만다. 제대를 한 뒤에는 신병 시절의 절망감을 잊어버린다. 쫓기기라도 하듯 그 자리를 떠나 버린다.

모든 일을 시작할 때 신병 시절의 암담한 기분을 떠올린다면 어떤 일이든 두려워하지 않고 열정적으로 매진할 수 있다. 절대로 오지 않을 것 같던 제대 일은 기어코 오지 않았는가? 꼭 군대의 경험을 떠올릴 필요는 없다. 이것은 하나의 예일 뿐이다. 자신의 일에서 찾아내는 것이 더욱 효과적이다.

1999년 무지하게 더운 여름날이었다. 소개를 받고 찾아간 곳은 공사가 한창인 건설 현장이었다. 내가 만날 고객은 그 현장의 책임자였는데 사무실이 현장 안쪽 언덕 위에 있었다. 가만히 서 있어도 땀이 나는 날씨에 비탈길을 올라가니 정말 땀이 비 오듯 했다. 와이셔츠가 땀에 젖어 달라붙었다.

사무실에 들어가 아무개 씨가 소개해줘서 약속하고 온 김철웅이라고 인사를 했다. 아무 약속도 없이 와도, 그냥 길을 가던 사람이라도 그렇게 땀을 흘리고 서 있으면 물이라도 한 잔 주련만 앉으라는 말도 없었다. 뻔히 자신이 아는 사람이 소개해서 온 사람이고 전화로 만나기로 약속을 했으면서도 말이다.

사람을 그렇게 세워두고 그는 자기 일만 했고 나는 땀을 뻘뻘 흘리며 서 있는 투명인간이 되어버렸다. 한참 뒤에 겨우 서류에서 고개를 들더니 이렇게 말했다.

"5분 뒤에 급하게 나가봐야 합니다. 5분 만에 끝내시죠."

절대적으로 부족한 시간이지만 어쩔 수 없이 알겠다고 하고 상담을 시작했다. 어떻게 소개받게 되었는지, 왜 생명보험을 준비해야 하는지에 대한 이야기부터 시작했다. 그리고 가족 이야기로 넘어갔다.

"부인과 결혼할 때 끝까지 책임지겠다고 다짐하셨을 겁니다. 그 끝이 어디일까요? 설마 실장님에게 만일의 경우가 생겨 더 이상 가장의 역할을 하지 못할 때까지만 인가요? 아니면 그 이후에 부인이 생을 마감하는 순간까지인가요? 사랑하는 사람을 어디까지 책임을 져주고 싶으신가요?"

"혹시라도 만일의 경우가 생기면 가족들은 두 가지 고통을 겪습니다. 하나는 정신적인 고통인데 가장이 없는 슬픔은 너무나도 커서 가족들은 무척 힘들 겁니다. 하지만 세월이 지나면 차츰 줄어들겠지요. 그러나 두 번째 고통, 즉 경제적인 고통이야말로 시간이 지나면서 점점 더 커질 겁니다. 실장님의 운명을 바꿀 수는 없겠지만 사랑하는 가족들의 운명은 지혜롭게 선택해갈 수 있지 않겠습니까?"

"살아계시는 동안 실장님이 사랑하는 자녀들에게 모든 것을 해주시겠지만 만일의 경우 아빠의 역할을 하지 못할 때에는 보장플랜이 아빠의 역할을 대신할 것입니다. 아빠가 계시건 그렇지 않건 아이들이 좋은 교육을 받고 자신의 꿈을 이루어갈 수 있는 것입니다. 그렇게만 된다면 인생에서 크게 걱정할 일이 뭐가 있습니까?"

감정에 호소하는 이야기가 계속 이어지자 그는 진지하게 고개를 끄덕이며 표정을 바꾸었다. 자기 인생을 되돌아볼 여유를 갖지 못하고 허겁지겁 살아가다가 인생, 꿈, 가족, 사랑을 이야기하니까 마음이 움직였던 것이다. 나중에 들은 이야기지만 다른 보험설계사와는 뭔가 다르고 신선하다는 느낌을 받았다고 했다. 그동안 만났던 보험설계사들은 가족에 대한 책임감과 인생에 대해 이야기하는 경우가 드물었고 한 달에 얼마를 내면 다쳤을 때는 입원비가 얼마가 나오고 사망했을 때는 얼마가 나온다는 금전적인 설명이 대부분이었다고 했다.

딱 5분만 주겠다고 엄포를 놓았던 고객은 조금만 더 이야기를 해보라며 몇 차례 연장을 하다가 결국 2시간이 넘도록 내 이야기를 흥미롭게 들어주었다. 며칠 뒤 다시 만나 계약을 했음은 물론이고 주위의 소중한 분들까지 소개해주었다.

이렇게 힘들게 계약을 한 경우 나는 서명한 계약서를 가방에 넣고 나오면서 그 고객과 맨 처음 접촉했을 때를 떠올려본다. 고객이 나에게 제일 처음 했던 말은 무엇인가, 무슨 이유를 대며 거절을 했는가, 나를 처음 볼 때 표정이 어땠는가?

약속을 잡으려 전화를 걸었을 때 보험은 필요 없으니 오지 말라고 했었고 첫 대면에서 커피 한 잔도 내어주지 않았으며 명함조차 건네지 않았던 고객들이 어느덧 마음을 열고 믿음을 갖고 청약서에 서명을 한다. 사랑하는 가족에게 남길 러브레터를 적으며 눈물을 흘리기도 하고 '만일의 경우가 생기면 우리 가족들을 잘 부탁한다'며 손을 꼭 붙잡기도 한다. 어느 의사는 '내가 하는 일이 보람 있고 가치 있다고 생각했는데 지금 보니까 당신이 하는 일이 훨씬 더 멋져 보인다. 정말 좋은 일 한다'고 말하기도 했다.

처음에는 그렇게 부정적이던 고객이 결국은 어떻게 바뀌었는지 의도적으로 비교해보면 그 사이에 정말 마술 같은 일이 벌어졌음을 알게 된다. 내가 한 사람을 변화시켰다. 그의 인생에 있어 중요한 선택을 하도록 도와준 것이다. 그 선택으로 인해 그에게 불행한 일이 생겼을 때 생명보험이 남은 가족을 지켜주는 마술 같은 일이 생길 것이다. 그냥 생명보험을 준비해둔 것만으로도 삶이 안정적으로 느껴지고 왠지 자신감이 많이 생겼다는 이야기를 하는 사람도 많다.

이런 경험을 수백 번, 수천 번 반복하다 보면 고객의 거절은 아무 것도 아닌 것이 된다. 고객의 거절이 그냥 애교처럼 느껴진다. 생명보험의 가치를 모르니까 그런 것일 뿐 내가 그 가치를 제대로 알려주기만 하면 달라질 것이라 믿게 된다. 고객의 거절은 나를 좀 더 설득해달라는 신호이며 생명보험의 진정한 가치를 느끼게 도와달라는 메시지인 것이다. 고객과의 만남이란 경험이 신념으로 굳어지는 과정이라 할 수 있다. 신념을 가지고 새로운 고객에게 전화를 걸면 심한 거절이 나오더라도 결코 상처받지 않는다. 이제는 내가 경험해보지 못한 거절의 종류가 없을 정도다.

우리는 처음 어떤 일을 시작할 때의 기분을 쉽게 잊어버린다. 엄청난 분량의 서류 더미를 정리해야 할 때는 짜증부터 난다. 새로운 기획안을 내야할 때는 깜깜한 숲속에 서 있는 것처럼 막막하다. 동료와 갈등이 생길 때는 그가 사람으로 보이지 않을 때도 있다.

그러나 하나하나 차근차근 정리하다 보면 서류 더미에 불과하던 것들이 내 머릿속에 소중한 정보로 갈무리된다. 깜깜한 숲속 저 멀리서 깜빡 하고 불빛 하나가 떠오르고 마침내 신선한 기획안이 떠오른다. 동료 사이에 고성이 오간 뒤에 술자리에 앉아 서로의 입장을 조근조근 말하면 그도 나와 크게 다를 바 없는, 꽤 괜찮은 사람이라는 것을 알게 된다.

이런 경험을 할 때마다 의도적으로 마음에 되새기는 과정을 거쳐야 한다. 경험이 반복될 때마다 마음에 되새기는 과정을 되풀이하면 어떤 막막한 일을 만나도 그 끝을 보고 일할 수 있다. 눈앞의 부정적인 상황에 집착하면 막막하고 두렵다. 열정은커녕 스트레스를 관리하기에도 버겁다. 힘든 일을 만났을 때는 그와 비슷한 과거의 경험을 떠올려보라. 처음에는 어떤 느낌이었는지, 그리고 결국 해냈을 때는 어떤 느낌이었는지 기억해보라. 지금은 힘들게 느껴지지만 결국은 해내고 말 것이라는 걸 과거 경험을 통해 알게 되면 더 큰 열정이 솟아날 것이다.

끝에서 현재를 보라

몇 년 전 보험업계에는 매우 높은 실적을 올리며 부러움을 사던 K라는 사람이 있었다. 다른 사람들이 열 명 이상 계약해야 낼 수 있는 수익을 그는 단 한 건으로 해결했다. 다른 사람들이 힘들게 가망고객을 발굴하고 전화를 하는 동안 사자처럼 어슬렁거리다가 단 한 차례의 사냥으로 모든 것을 만회하고도 남았다. K는 사냥의 달인이었다. 어지간한 사냥감은 눈에 차지도 않았다. 오직 보험 액수가 큰 고객만을 상대했다. 보험 액수가 크기도 했지만 K 스스로 자랑스레 알리고 다녔기에 그의 계약 성공은 모르는 사람이 없었다. K에게는 꿈이 있었다. '나는 사업가 체질'이라며 구체적인 사업계획을 들려주곤 했다. 몇 년만 더하면 충분한 자금을 모을 수 있다고도 했다.

그런데 언제부터인가 그의 '팡파르'가 뜸해지기 시작했다. 1개월에 한 번이던 것이 2개월에 한 번으로, 4개월에 한 번으로 줄어들었다. 그러던 어느 날 그는 조용히 업계에서 사라졌다.

우리 업계에는 사냥꾼처럼 일하는 사람들이 꽤 있다. 그들은 활동은 적게 하고 늘 한 방을 노린다. 10~20만 원짜리 보험은 쳐다보지도 않는다. 물론 부자 고객을 상대로 안정적이고 성공적으로 일하는 훌륭한 설계사들도 많이 있다. 맹수가 단명하듯 사냥꾼 같은 보험모집인도 장기적으로 일하기 어렵다. 그들이 단명하는 이유는 한 번의 사냥으로 많은 양의 고기를 얻지만 그것으로 끝이기 때문이다. 늘 허허벌판에서 사냥을 하려다 보니 쉽게 지친다. 사냥감이 눈에 보이지 않을 때는 초조해지고 오랫동안 쫓은 사냥감을 놓칠 때는 힘이 빠진다. 너무 지친 나머지 남의 가축에 눈길을 준다. 정직하지 못한 방법의 유혹에 시달리는 것이다.

반면 농부처럼 일하는 라이프플래너는 부지런하고 기다릴 줄도 안다. 모든 것은 땀의 결실이며 뿌린 대로 거두게 된다는 믿음이 있기에 초조함을 모른다. 또한 길게 보면서 자신의 땅을 비옥하게 만들어가고 세월이 흐를수록 더욱 풍성한 결실을 얻는다.

왜 어떤 사람은 사냥꾼 스타일이 되고 어떤 사람은 농부 스타일이 되는 것일까? 서로 바라보는 끝이 다르기 때문이다. 고객은 사냥감이나 자신의 성공을 위한 도구가 결코 아니다. 라이프플래너는 작물을 돌보듯 관심과 애정으로 고객을 보살펴야 하며 동시에 인생을 함께 걸어가는 고객의 동반자가 되어야 한다. 그리고 언젠가 먼 훗날에 보험금을 전하면서 오래 묵은 소중한 약속을 끝까지 지켜내는 우직한 사람이어야 한다.

과거에 이름을 날리던 스포츠 스타 중 기억하는 사람이 있는가?

그들 중 아직까지 자기 분야에서 활동하고 있는 사람은 몇이나 되는가? 내가 생각하는 운동선수의 가장 바람직한 미래상은 지도자의 길을 걷는 것이다. 그러려면 현역 시절의 풍부한 경험과 미리부터 준비한 지도자로서의 능력과 덕목이 필요하다.

타고난 운동 감각을 지닌 축구 선수가 있다고 하자. 그 덕분에 항상 좋은 성과를 낸다. 그러나 자신의 미래를 상상하지 않는다면 어떤 일이 벌어질까? 훈련을 할 때 시키는 대로만 할 것이다. 왜 이 운동을 하는지, 어떻게 하면 좀 더 효과적으로 할 수 있는지, 개선 방법은 없는지 스스로 질문하지 않고 그냥 감독이 시키는 대로만 한다. 그렇게 시간을 보내면 결코 지도자가 될 수 없다.

일반 직장인도 마찬가지다. 현재의 직장에서 혹은 자신의 업종에서 마지막에 자신이 어떤 모습으로 있을 것인지 상상하지 않으면 맡은 일도 겨우겨우 해내는 사람이 될 것이다. 그래서는 결코 CEO나 그에 버금가는 지위를 차지할 수 없다.

반면 자신의 마지막 모습이 CEO라면 어떨까? 그는 사소한 일처리도 절대 사소하게 처리하지 않는다. 어떤 업무를 맡으면 왜 이 일을 해야 하는지, 이 일이 회사에 어떤 의미가 있는지, 좀 더 잘할 수 있는 방법은 없는지 묻고 탐구할 것이다. 언젠가는 반드시 해야 할 일이기 때문이다.

끝을 어떻게 설정하느냐에 따라 현재를 보는 눈이 달라진다. 일하는 방식도 달라진다. 어떻게든 마무리만 하면 된다는 태도에서 이왕이면 멋지게 해내자는 태도를 갖게 된다. 하나의 업무를 끝냈을 때 시작할 때의 막막함을 떠올려보듯이 자신의 직업을 바라볼 때 끝을 생각하면 놀라운 열정을 얻을 수 있다.

강철 왕 카네기는 '밀물은 반드시 온다'는 말로 긍정적 태도를 유지했다고 한다.

그의 사무실에는 커다란 그림이 걸려 있었다. 썰물이 빠져나간 모래사장에 아무렇게나 던져져 있는 나룻배 한 척과 노가 그려진, 무척 어둡고 처량한 느낌이 드는 그림이었다. 유명 화가의 것도 아니고 예술적 가치가 있는 것도 아니었다.

어떤 사람이 카네기에게 무슨 그림인지 물었다.

"나는 젊었을 때 이 집 저 집을 돌아다니면서 물건을 팔았습니다. 하루는 물건을 팔러 갔다가 한 노인의 집에서 이 그림을 발견했습니다. 그림도 인상적이었고 무엇보다 글귀가 감동적이었습니다. 시간이 지나도 그 그림과 글귀가 잊히지 않아 노인을 찾아가 정중히 부탁해 이 그림을 얻었습니다. 나는 어려움이 밀려와 내게서 모든 것을 휩쓸어갈 때마다 이 글귀를 보면서 내 자신에게 다짐하듯 말했습니다. 밀물은 반드시 온다."

라이프플래너로서 나는 보험업계의 기분 좋은 전설이 되고 싶다. 내가 걸어온 길이 후배들에게 길을 제시해주고 귀감이 되는 삶을 살고 싶다. 짧은 순간 화려한 실적을 거둔 후 바람처럼 사라져버리는 쓸쓸한 전설이 되고 싶지는 않다. 그러자면 길게 일해야 한다. 길게 일하려면 농부의 마음, 거북이의 태도가 필요하다.

● 김철웅이 만난 열정

가능성을
꿈꿔라

휠체어를 탄 패트릭 헨리 휴(Patric Henry Hughes)가 피아노 앞에서 연주를 시작하자 2008년 토론토 MDRT 연차총회의 컨벤션홀은 뜨거운 감동으로 가득 찼다. 그는 앞을 볼 수 없는 선천적인 장애를 갖고 있다. 뿐만 아니라 팔과 다리를 완전히 펼 수 없는 장애 때문에 걸을 수도 없으며 척추측만증 때문에 두 개의 쇠막대기가 척추에 고정되어 있는 끔찍한 상태이다.

패트릭이 태어날 무렵 그의 아버지는 아들이 태어나면 함께 미식축구나 야구를 하리라 생각했다. 그러나 패트릭이 출생한 직후 의사는 아버지에게 절대 그럴 수 없다며 앞으로 아이가 하지 못할 것들에 대해서 이야기를 늘어놓았다.

그런 의사의 말과는 달리 패트릭은 너무나 많은 일들을 이루어냈다. 음악을 전공했던 아버지 덕분이었는지 패트릭은 아주 어릴 때부터 피아노를 치기 시작했다. 그는 어린 시절 항상 피아노를 쳤고 노래도 부르고 트럼펫을 연주하는 법도 배웠다. 비록 아버지와 함께 미식축구나 야구를 하지는 못했지만 아버지와 함께 2인조 밴드를 하는 등 음악을 통해서 시간을 보낼 수 있게 되었다.

대학에 진학한 패트릭은 모든 과목에서 A학점을 받을 만큼 공부를 잘했다. F도 받았는데 그것은 Faith(신념), Friend(친구), Family(가족), Freedom(자유)와 같은 것이었다. 그는 학교 합주단 단원으로 열심히 활동했다. 지금은 스페인어 통역사나 외교관의 꿈을 가지게 되었다.

패트릭은 일단 목표를 위해서 아무리 힘들어도 최선을 다한다. '가능성을 꿈꿔라'는 그의 강연 제목처럼 우리 삶은 항상 가능성을 찾는 과정이어야 한다. 새로운 목표에 도전하면서 자신의 새로운 능력과 가능성을 발견하는 과정이 곧 우리의 삶이 되어야 한다. 패트릭이 신께서 주신 감춰진 재능을 찾아낸 것처럼 우리도 인생의 과제를 계속 수행해 나가야 할 것이다.

패트릭은 ESPN과 〈오프라윈프리쇼〉에 출현하기도 했고 그의 이야기는 《피플》 등에 실리기도 했다.

95세 노인들에게 만약에 다시 태어나
인생을 새롭게 살 수 있다면
지금과 무엇이 달라지고 싶은가라는 질문을 던졌다.
가장 많이 나온 답 중 하나가 도전이다.
그들은 '과감하게 기회를 향해 도전해보고 싶다.
시도해 보지도 않고 흘려보내기엔
인생이 너무 짧다'고 말한다.
MDRT에서 만난 한 강사의 말처럼
어설픈 성공에 안주하는 것,
도전을 멈추는 것은 관 뚜껑을 닫는 것이다.
끝없이 변화하고 도전하라.
내가 이룬 성과의 비결은 열정이고
이 열정에 날개를 달아준 것이 3W라는 시스템이다.
열정이 연료라면 3W는 고성능 엔진이다.

3W, 무한열정으로 끝없이 도전하라

chapter 03

열정의 기술

긍정의 근거를 확보하라!

01 당신만의 3W를 만들어라

3W는 단순하다. 일주일에 '세 건 이상' 계약하면 된다. 이것을 매주 이어가면 되는 것이다. 나는 1998년 11월 영업 첫 주부터 413주 연속으로 3W를 해냈다. 각종 컨벤션 참가 및 공식 휴가기간 등을 제외하고 총 9년에 걸쳐 이어왔던 공식 기록이다. 이것이 라이프플래너로서의 내 생활을 지배하는 핵심 요체이자 열정의 시스템이다. 누구나 자신만의 3W를 만들고 이어나간다면 엄청난 성공을 거둘 수 있다. 당신이 일주일 동안 할 수 있는 가장 명확하고 단순한 법칙, 즉 당신만의 3W를 만들어라.

3W는 가장 성공적인 습관이다

시중에는 성공을 이루게 해준다는 다양한 습관들이 알려져 있다. 원전격인 스티븐 코비의 7가지 습관을 비롯해 인상을 좋게 해주는 습관, 이기는 습관에 백만 불짜리 습관도 있다. 습관은 오랫동안 같은 행동을 반복해 익혀진 안정되고 자동화된 행동방식을 일컫는다. 주의를 집중하지 않아도 에너지를 투여하지 않아도 저절로 되는 행동이 습관이다. 그런데 아이러니하게도 이들 습관들 중에 쉽게 이룰 수 있는 것은 아무것도 없다. 계속해서 반복하다 보면 처음보다는 쉽겠지만 언제나 주의를 기울여야 하는 행동들이다. 잘 돌다가도 채로 치지 않으면 곧 멈추어버리는 팽이처럼 의식하지 않으면 이내 '성공하지 못하게 하는 습관'이 자리를 잡는다. 그러므로 그것들은 습관 그 자체라기보다 습관처럼 반복해야 한다는 뜻으로 읽는 게 맞는 것 같다.

3W도 마찬가지다. 3W를 반복적으로 실행하면 반드시 성공하지만 3W 자체가 저절로 습관이 되지는 않는다. 늘 주의와 에너지를 투입하고 온 힘을 다해 매달려야 하는 '열정적 습관'이다. 3W를 처음 알게 된 것은 입사할 때 담당 세일즈 매니저를 통해서였다. 그는 두 가지를 이야기했다. 3W를 꼭 해야 하고 MDRT 회원 자격을 꼭 얻어야 한다고 했다. 그러면 보험업계에서 반드시 성공할 수 있다는 것이다. MDRT 회원 자격은 3W만 지속적으로 한다면 저절로 이

룰 수 있는 것이었기에 내가 해야 할 일은 일주일에 세 건을 계약하는 것뿐이었다.

  3W 이야기를 들었을 때 나는 일본에서 경험했던 지하터널 시공 장면이 떠올랐다. 라이프플래너가 되기 전 건설회사에서 일할 때 일본의 다이세이건설에 연수생으로 가서 1년 동안 오사카에 머물렀다. 내가 근무한 곳은 지하 25미터 아래에서 직경 6미터의 터널을 뚫고 터널 벽에 콘크리트 링을 설치해서 하수도를 만드는 현장이었다. 거대한 굴착기가 땅을 파고 지나가면 작업자가 그 뒤에 링을 설치했다. 굴착기는 주간 야간을 합해서 하루에 12미터를 진행했다.

  지하 25미터에서 굴착기가 땅을 파 들어가는 것만 봐도 신기한데 더욱 놀라운 사실이 있었다. 굴착기가 파는 땅은 균질하지 않다. 아래쪽에는 자갈이 분포되어 있는데 위쪽은 미세한 모래인 경우도 있다. 같은 흙이라도 무른 쪽이 있고 단단한 쪽이 있다. 그렇다 보니 그대로 진행하면 힘의 균형이 맞지 않아 굴착기의 방향은 삐뚤어지게 되어 있다. 기술자는 굴착기가 계획했던 방향으로 제대로 가고 있는지 매순간 확인하면서 정밀하게 조종을 한다. 내가 놀랐던 것은 직경 6미터의 넓은 터널에 상하좌우로 오차가 불과 2센티미터밖에 되지 않는다는 것이었다. 정말 뛰어난 관리능력이 아닐 수 없다.

  만약 일주일 동안 관리를 하지 않는다면 어떻게 될까? 굴착기는 지반이 약한 쪽으로 삐뚤어지게 된다. 하루에 1미터만 벗어난다고 가정해도 무려 7미터의 오차가 생길 것이다. 그것을 다시 바로 잡으려면 엄청난 시간과 돈이 낭비된다. 한 번 궤도에서 벗어난 것을 제 자리로 돌리려면 계획대로 진행할 때보다 더 많은 에너지가 소비된다.

굴착 기술자가 2센티미터 오차 내에서 관리하면서 공사종점을 향하여 진행하듯 3W는 라이프플래너로서의 내 목표지점을 향해 나아가도록 매주 이끌어준다. 굴착기가 지반이 약한 쪽으로 방향이 틀어지듯 3W가 아니라면 나 역시 편한 쪽으로 기울게 될 것이다. 나쁜 습관은 방심하는 사이 순식간에 온몸을 장악하는 법이다. 따라서 목표지점에서 너무 멀어졌을 때에는 다시 정상궤도로 돌리기가 무척 힘들 수밖에 없다. 그러다 보면 그만 목표를 잃어버리게 된다. 목표대로 사는 게 아니라 사는 대로 목표를 정하게 된다.

내게는 라이프플래너로서 성공적으로 롱런하기 위한 가장 기본적인 틀이 3W이다. 나는 보험업계에 입문하는 후배들에게 최소한 50주의 3W에 꼭 도전해보라고 권유한다. 일단 50주의 고지에 오르면 또 다른 길이 보이기 때문이다. '어떻게 매주 세 건씩 할 수 있죠?'라고 두려운 눈빛으로 물어오면 '3W를 하지 않고서 성공하기가 훨씬 더 힘들고 두려운 일이다'고 강조한다.

당신의 영역에서 3W를 만들어라. 이것만 지속적으로 한다면 성공할 수밖에 없다. 원대한 꿈을 달성하기 위해 규칙적으로 할 수 있는 일을 만들어라. 당신이 '세 번째 STEP'을 읽고 충분히 생각한다면 그렇게 어려운 일도 아닐 것이다. 많은 요소들이 떠오르더라도 세 가지로 압축하라. 무슨 일이 있어도 이것만은 지키겠다는 약속을 스스로에게, 가족들에게 하라.

《정상에서 만납시다》의 저자 지그 지글러는 "성공으로 가는 엘리베이터는 작동하지 않는다. 그러나 계단은 항상 열려 있다"고 했다. 한 걸음, 한 걸음 올라가다 보면 원하는 곳에 도달할 수 있다. 나에게는 3W가 그 계단이다.

3W는 안정이다

3W는 혼자서만 결심하고 실행하는 것이 아니다. 담당 매니저와 함께 목표를 설정하고 어떻게 활동을 하며 이루어낼지 구체적인 계획도 세운다. 그리고 동료들 앞에서 공개적으로 자신의 목표를 발표하기도 한다. 그러다 보니 일단 3W 목표가 세워지고 난 후에는 되면 다행이고 안 되면 그만인 것이 아니라 자존심을 걸고 꼭 이루어내야 하는 대상이 된다. 혼신을 다하는 집중력과 자신감도 필요하고 실패할 경우 자존심이 상할지도 모르는 위험도 감수해야 한다.

그러면 어떻게 매주 세 건을 할까? 일을 하다 보면 잘 안 되는 주도 있고 이상하게 잘 풀리는 주도 있다. 열심히 뛰었지만 어떤 주는 한 건을 하기도 하고 또 어떤 주는 일이 술술 풀리며 다섯 건을 하기도 한다. 이 경우 평균으로는 3W를 한 셈이라 여기며 만족할 수도 있을 것이다. 하지만 그런 마음은 쉽게 무너져버린다. 이번 주에 못 다한 활동을 자꾸 다음 주로 미루기 십상이다. 그러면 실적은 조금씩 줄어들게 되고 점점 슬럼프에 빠져들게 된다.

나는 한 주 동안 세 명에게 생명보험을 전달하는 일이야말로 전문직업인으로서 최소한의 의무라고 생각했다. 그런 마음으로 매주를 전력 질주함으로써 오랫동안 3W를 이어올 수 있었다. 이러한 3W는 지난주에 설령 다섯 건의 계약을 했어도 이번 주에 방심하지 않고 또다시 세 건에 도전하도록 하는 뜨거운 열정의 근원이었다.

하지만 3W는 그야말로 고난의 길이었다. 주말에 아이들과 놀고 싶은 마음을 떨치고 양복을 입고 나갈 때는 정말 눈물이 앞을 가렸다. 금요일까지 한 건도 계약하지 못했을 때는 드디어 깨지는구나 하는 불안감에 시달리기도 했다. 한 주 고비를 넘고 나면 또 다른 파도가 밀려와 정신을 차리지 못하게 했다. 그러나 3W 행진이 계속 이어지고 그 고난의 고개를 자주 넘으면서 예상치 못한 일들이 일어났다.

무엇보다도 라이프플래너 일을 평생 동안 할 수 있을 거라는 자신감이 생겼다. 보험 일을 시작한 지 얼마 되지 않은 사람들에게 '이 일을 평생할 거냐'고 물어보면 그렇다고 대답한다. 고객에게도 그렇게 말한다. 평생 동안 곁에 있겠다고. 그러나 진심이 아닌 경우도 있다. 나이가 들어서도 무거운 가방을 들고 거절당하며 다닐 수 있을까라는 회의를 품고 있는 사람도 많다. 나 역시 간혹 이런 두려움이 들기도 했다. 하지만 3W를 통해 안정적으로 성과가 나오면서 그런 두려움은 없어지고 오히려 자유로움을 느끼게 되었다. 점점 소득은 늘었고 나를 진심으로 도와주는 우호적인 고객들이 늘어나면서 오래오래 일할 수 있다는 자신감이 생겼던 것이다. 또한 작은 계약이라도 3W를 통해 꾸준히 성과를 내기 때문에 슬럼프에 빠질 일도 없어져버렸다.

라이프플래너가 슬럼프에 빠지는 가장 큰 이유는 계약이 없을 때다. 계약이 없으면 조바심이 난다. 사람을 덜 만났기 때문에 소개가 적고 소개가 적으니 만날 사람이 부족하다. 연간 목표 액수를 채우려고 큰 건을 노리게 된다. 큰 계약이 성사될 때까지는 불안할 수밖에 없다. 그럴 때마다 부정적인 마인드가 엄습해오기 때문에 쉽게 지친다. 성과의 기복, 감정의 기복, 열정의 기복은 영화로 볼 때나 즐겁지 자신의 일이 되면 그것만큼 괴로운 일도 없다.

하루하루 성과가 분명하게 드러나는 영업직과 달리 일반직은 성과를 측정하기가 어렵다. 당신이 당신의 일에서 3W를 만들고 그것을 실행해 나간다면, 그리고 그것을 기록한다면 성과 측정의 지표가 될 것이다. 하루하루 변화하고 발전해 나간다는 느낌은 당신에게 더 많은 열정을 불러올 것이다.

3W는 긍정이다

"할 수 있다고 생각하든, 할 수 없다고 생각하든 모두 옳다."

미국의 자동차 왕 헨리 포드의 말이다. 긍정적인 생각은 긍정적인 결과를 부르고(대책 없는 낙관주의와는 다르다) 부정적인 생각은 부정적인 결과를 부른다. 부정적인 사람은 부정적인 결과를 걱정하느라 오히려 거기에 집중해버리는 부작용을 낳는 것이다. 긍정의 힘을 모르는 사람이 있겠냐마는 부정의 힘에 매몰되어 있는 사람이 무척 많은 것이 현실이다.

나 역시 과거에는 부정적인 성향이 강했으나 이제는 플러스 에너지가 훨씬 더 많아졌다. 연속적인 3W를 수행해온 덕분이다. 3W를 해오면서 '이번 주에도 또 나는 해낼 것이다'라는 긍정의 마음으로 한 주를 시작해서 내가 생각한 대로 늘 한 주를 끝냈기 때문이다. 자신에 대한 긍정적 믿음은 모든 성공의 근원인 것이다.

나는 3W를 가능한 한 주초에 끝내려고 했다. 수요일까지는 끝내야 편하게 갈 수 있기 때문이다. 목요일과 금요일은 다음 주를 준비하고 초회 면담을 주로 했다. 주초에 일찌감치 세 건을 하다 보니 한 주에 다섯 건 이상 계약을 할 때도 많았다.

3W가 순조롭게 이어지려면 전화를 걸 가망고객 리스트가 늘 풍부하게 준비되어 있어야 하고 다음 주까지 완벽하게 약속이 잡혀 있어야 한다. 그저 이번 주 세 건의 계약만을 위해 허둥대며 돌아다

니다가는 여지없이 깨지고 만다. 그러니 프로근성을 가지고 철저하게 집중해야 한다. 그렇지 않으면 리듬을 잃어버리게 되고 만만하던 3W가 감당하기 힘든 거대한 산처럼 다가오게 된다.

철저한 준비 없이 대충 한 주를 시작했다가 고생한 적도 있었다. 그런 주는 어김없이 일요일 밤까지 뛰어다녀야 했다. 한번은 정말 이번에는 3W가 깨지는구나 하는 때가 있었다. 토요일 밤 늦게까지 뛰어다녔지만 성과는 없었다. 일요일에 약속이 잡혀 있는 것도 아니었다. 간절한 마음으로 누구를 만나야 할지 고민하고 있을 때에 고객으로부터 반가운 전화가 걸려왔다.

"지금 어디 있어요?"

집에서 쉬고 있다는 말을 할 수는 없었다. 그러면 미안해서 다음에 보자고 할 수도 있다.

"예, 밖에 있어요."

"그럼 지금 집으로 오실 수 있으세요? 친척들이 모여 있는데 동생이 보험 든다고 하네요."

일요일까지 한 건도 못하고 있다가 한꺼번에 세 건을 계약한 적도 있었다. 처음에는 금요일, 토요일까지 3W를 완료하지 못하면 불안했다. 그런데 반드시 3W를 해내겠다는 간절한 바람과 열정으로 고객에게 연락을 하면 뜻밖에도 증액을 하거나 소개를 해주고 싶다는 이야기를 들을 수 있었다. 혹은 당장 계약을 하자는 전화가 거짓 말처럼 걸려왔다. 한두 번 경험한 것이 아니다. 그러다 보니 금요일까지 한 건도 못하고 있어도 불안하지 않게 되었다. 좋은 일이 생길 거라는 기대감을 갖고 있으니 힘이 빠지지도 않았다. 사무실에 들어와서 열정에 찬 목소리로 여기저기 고객들에게 전화를 하면 항상 마술이 시작되는 것이다.

3W는 마지막 순간까지 행동을 유발한다. 두 건만 하고도 주말에 쉴 수 있으나 3W를 목표로 하는 라이프플래너는 끝까지 노력해서 결국 한 사람의 고객을 더 만들어낼 것이다. 세월이 흘러 어느 날 갑자기 그 고객에게 불행한 일이 생겼다면 라이프플래너는 어떤 생각이 들까? 예전에 마지막까지 흘렸던 땀방울이 얼마나 가치가 있는 것이었는지 알게 될 것이다. 3W를 통해서 각 가정마다 보장을 전달하는 라이프플래너의 숭고한 임무를 좀 더 충실하게 해갈 수 있는 것이다.

연속적 3W는 이제 내 긍정의 근거가 되었다. 지난주에도 3W에 성공했고 지난달에도 성공했으며 지난해에도, 수년 전에도 성공을 했다. 그러므로 이번 주에도 나는 해낼 수 있다는 자신감이 생기는 것이다. 만약 당신이 부정적인 사람이라면 긍정의 근거가 필요하다. 당신을 성공시켜줄 3W를 만들고 그것을 지속해나간다면 놀라운 자신감과 긍정의 힘을 느끼게 될 것이다.

가치 있게 **성공하라**

미국 역사상 최고의 갑부인 석유재벌 록펠러에게 한 기자가 물었다.

"당신의 아들은 자가용 비행기로 이동하고 일류 호텔에 묵으며 비싼 음식을 먹고 좋은 옷을 입으며 호화로운 생활을 하고 있는데 어째서 당신은 초라할 정도로 평범한 생활을 하십니까?"

록펠러의 대답은 간단했다.

"내 아버지는 갑부가 아니었습니다."

록펠러가 아들의 호화생활을 어떻게 생각했는지는 알 수 없지만 한 가지는 확실하다. 아들은 돈의 가치를 몰랐지만 록펠러는 자신의 인생을 바쳐서 돈을 벌었으므로 돈에 가치를 부여하고 있었다는 것이다. 그래서 돈을 자신의 호사를 위해서가 아니라 재단을 만들어 자기 재산의 가치를 지키려고 했다. 돈이든 물건이든 행동이든 사람은 자신이 가치를 부여하는 것을 소중하게 생각하고 지키려고 한다.

가치가 있으려면 그것을 얻는 과정 역시 가치 있어야 한다. 부당한 방법이나 편법으로 손에 넣은 것에는 누구도 가치를 부여하지 않는다. 3W도 마찬가지다. 그 과정이 정당하지 못하면 오히려 독이 된다.

힘든 고비 때 이를 정면으로 돌파하지 않고 옳지 않은 방법을 쓰게 되면 결코 3W를 이어갈 수 없다. 그 순간은 모면할 수 있다. 그러나 정직하게 일하지 않는다면 다음에 부딪치게 될 결정적으로 힘든 순간에 쉽게 포기해버릴 것이다. 자신이 이뤄온 성과에 대해서 별로 가치를 두지 않기 때문이다.

누구도 지킬 만큼 가치가 없는 것에는 열정을 다하지 않는다. 완전무결하게, 정말 스스로 정직하고 가치 있게 했을 때라야 어떤 어려움이 있더라도 지켜내려고 할 것이다. 이것이 내가 413주 동안 3W를 유지할 수 있었던 결정적 비결이다.

나는 매달 고객들에게 안부 인사를 하고 좋은 글귀를 적어 편지를 보낸다. 3W가 50주, 100주, 150주…… 계속 진행되는 동안 편지를 통해 고객들에게 이를 알렸었고 늘 감사하는 마음을 전했었다. 이 모든 것은 고객들의 전폭적인 도움으로 이루어진 것이 사실이기 때문이다. 편지를 읽은 고객들은 격려를 하면서 성실함과 꾸준함에 무척 믿음이 간다는 이야기를 한다. 늘 도전하는 삶이 참 멋지다는 이야기도 한다. 그래서 계속해서 많은 소개를 해주는 게 아닐까. 훗날 내 아이들에게 아빠가 매주 도전하는 삶, 성실하고 열정적인 삶을 살았다며 3W 이야기를 들려준다면 아이들에게도 정말 소중한 선물이 되지 않을까 기대해본다.

연속적으로 3W를 해나가기 위한 나만의 10가지 비결이 있다.

첫째, 자신의 일에 대한 확고한 신념이 있어야 한다. 3W를 왜 해야 하는지 절박한 이유가 없다면 계속 이어나갈 수 없다.

둘째, 자신에 대한 강한 믿음이 필요하다. 지난주에 3W를 해냈기 때문에 이번 주에도 해낼 수 있다. 지나간 3W의 성공이 자신감의 바탕이 되게 하라.

셋째, 프로근성으로 철두철미하게 일에 집중해야 한다. 집중력이 떨어지면 3W는 엄청난 산처럼 느껴진다.

넷째, 연속적인 3W는 아무나 할 수 있는 것이 아니므로 큰 자부심을 갖는다.

다섯째, 가능한 한 주초에 끝내라. 그래야 마음의 여유와 자신감이 생긴다.

여섯째, 더 높이 도전하라. 3W는 최상이 아니라 최악의 경우라고 생각하라. 더 높은 주간 목표에 도전하라.

일곱째, 다음 주 3W를 위해 계약을 미루지 말라. 그래야 더 많은 기회가 생긴다.

여덟째, 3W를 위한 3W를 하지 말라. 과정에 충실해야 가치 있는 결과를 얻는다.

아홉째, 도중에 할지 말지 고민하지 말라. 1차 목표를 정했으면 거기까지 전력 질주하라.

열째, 가망고객 발굴을 게을리 하지 말라. 끊임없이 성과를 만들어낼 수 있는 최소의 단위를 만들어라.

3W는 성공으로 가는 계단이며 안정과 긍정을 가져다준다. 당신

의 일에서 3W를 발견하고 실행한다면 새로운 열정의 기술을 익히는 셈이다. 단순명쾌한 자신만의 3W를 만들어라. 그리고 그것을 가치 있게 실행하라.

● 김철웅이 만난 열정

열정으로 뛰쳐나와 변화하라

나에게 삶의 영감을 주고 비전을 제시해주는 위대한 스승 솔로몬 힉스(Solomon Hicks)를 2008년 토론토 MDRT 연차총회에서 다시 만났다. 그가 들려주는 삶의 이야기는 많은 청중들의 가슴을 뜨겁게 달구었다.

그가 어렸을 때 그의 고향인 미국 앨라배마는 '백인 전용'이 도처에 있을 정도로 인종차별이 아주 심했다. 그가 일했던 어느 식당의 식수대에도 '백인 전용'이라는 팻말이 붙어 있었다. 그는 매일 그 문구를 볼 때마다 도대체 백인들이 마시는 물맛은 어떤지 무척 궁금했다. 하지만 마실 수가 없었다. 왜냐하면 그 식수대는 백인전용으로 흑인인 그가 마시는 것은 법으로 금지되었기 때문이다.

그 궁금증을 참지 못하고 어느 날 자칫하면 감옥에 갈지도 모르는데도 어린 솔로몬은 용기를 내어 그 물을 마셔보았다. 특별한 물맛이 아니라는 것을 알고 실망하지만 그 작은 모험은 자신을 한낱 힘없는 흑인으로 살아가지 않게 하는 작은 씨앗이 된다. 모든 사람의 내면은 피부색에 관계없이 똑같다는 깨달음을 얻었기 때문이다.

그 후 보험업계에 입문한 가난한 솔로몬은 집에 전화기가 없어서 공중전화로 고객에게 전화를 걸었고 자동차도 없이 버스로 이동했다. 심지어는 명함 만들 돈이 없어서 동료의 명함을 빌려 자신의 이름을 적어 고객에게 건네며 영업을 했다. 영업 첫 주에 해고를 당한 경험이 있지만 성공에 대한 열정으로 가득 차 있는 그에게 힘든 환경은 극복해야 할 작은 도전에 불과했다.

결국 그는 푸르덴셜에서 35년간 일하는 동안 챔피언을 7번이나 차지했고 8번의 TOT를 포함하여 20회의 MDRT 회원 자격을 달성했다. 그는 푸르덴셜의 130여 년 역사상 가장 위대한 전설적인 라이프플래너가 되었다. 특히 그는 자신이 받은 것은 다시 나누어야 한다는 신념을 가지고 후배들의 성공을 위해 멘토로서 헌신하고 있다.

솔로몬의 진정한 성공은 그가 이룬 업적만이 아니라 사람을 대하는 그의 방식에서 많이 느낄 수 있다. 언제나 해맑은 웃음으로 상대를 대하며 상대에게 깊은 관심을 갖는다. 그를 만나는 사람들은 자신이 진심으로 존중받고 있다는 느낌을 갖게 된다. 또한 그와 대화할 때 밝고 높은 톤의 그의 목소리를 듣노라면 자신도 모르게 에너지가 상승하는 걸 느낀다.

강연의 마지막 부분에서 그는 "여러분의 마음속에 있는 백인 전용 식수대는 무엇입니까"라고 물었다. 그리고 '나는 하지 못할 것이다'라고 믿는 것이 있다면 그것으로부터 어서 뛰쳐나와 변화하라는 의미 있는 메시지를 던졌다.

두려움에 굴하지 말고 도전하라!

열정으로 땀 흘리고 가치로 성공하라

02

"노력을 멈추지 않는 한 진정으로 끝난 것은 아무것도 없다. 자신이 완전하지 못함을 인정하는 것을 두려워하지 말라. 우리를 구속하는 것은 바로 덧없는 두려움이다."

-더글러스 대프트 코카콜라사 회장

두려움이 우리 삶에 영향을 미치는 때는 그것을 인정하지 않을 때이다. 모든 도전은 실패에 대한 두려움을 동반한다. 두려움이 전혀 없다는 것은 어떤 도전도 하고 있지 않다는 의미와 같다. 진정한 용기는 두려움 없이 도전하는 것이 아니라 두려움에도 불구하고 도전하는 것이다.

당신만의 3W에 도전하라

성경에 나오는 유명한 이야기를 음미해보자. 주인은 세 명의 종들에게 각자의 능력에 따라 다섯 달란트, 두 달란트, 한 달란트씩 주고 여행을 떠난다. 주인이 돌아올 때까지 오랜 시간 동안 다섯 달란트를 받은 이와 두 달란트를 받은 이는 돈을 활용하여 받은 만큼씩 돈을 불렸지만 한 달란트를 받은 이는 땅속에 파묻어 고이 모셔두었다. 주인은 돌아와 다섯 달란트를 불린 이와 두 달란트를 불린 이에게 기뻐하며 "네가 작은 일에 성실하였으니 이제 내가 너에게 많은 일을 맡기겠다"라고 칭찬했다. 그러나 한 달란트를 고스란히 돌려주는 종에게는 그의 게으름을 꾸짖으며 그의 돈을 빼앗아 열 달란트를 가진 이에게 주었고 그를 어둠 속으로 내쫓아버렸다.

우리는 신께서 주신 자신의 능력을 잘 알아야 하며 그것을 멋지게 활용하며 살아가야 한다. 혹시 자신의 달란트를 땅속에 묻어둔 채로 살아가고 있는 것은 아닌지 자신을 점검해볼 필요가 있다. 자기 능력의 10분의 1밖에는 쓰지 않고서 힘들다며 쉽게 포기하고 있지는 않은지 생각해봐야 한다. 정말 힘들어 포기하고 싶을 때에 참고 견뎌내면 또 다른 세계가 펼쳐진다. 이제껏 맛보지 못했던 소중한 성취감을 느끼며 자신감 넘치는 자신을 발견하게 된다. 또한 새로운 기회의 문을 만나서 이를 통해 삶의 긍정적 변화를 이끌어내기도 한다.

미국 샌디에이고에서 열린 2006년도 MDRT 연차총회의 연사로 초청된 마일즈 힐튼 바버는 환갑에 가까운 나이에도 불구하고 멀쩡한 젊은 사람도 하기 힘든 온갖 모험을 10년 가까이 열정적으로 도전하고 있다. 더구나 그는 앞을 볼 수 없는 맹인이다. 그는 사막 마라톤, 히말라야 등반, 남극대륙 탐험, 수중 탐험 및 장거리 비행에 이르기까지 하늘과 땅 그리고 산과 바다를 가리지 않고 목숨을 건 도전을 펼친다.

마일즈 힐튼 바버는 좁은 삶의 영역에 갇혀 있지 말고 원 밖으로 벗어나라고 힘주어 말했다. 그의 말처럼 늘 똑같은 삶의 반복에서 벗어나 새로운 영역에서 자신을 발견해보는 건 어떨까? 그러면 자신의 삶의 영역을 더 넓혀갈 수 있을 것이다.

이를 실천하기 위해 자신만의 3W에 도전해보라. 매주 3회의 도전과 성취를 통해 삶의 영역을 넓혀보라. 자신의 삶에서 중요한 것 세 가지를 정하고 이를 매주 실천해가면 된다. 대상에 따라서는 매주 1회가 될 수도 있을 것이다. 중요한 것은 매주 목표를 갖는다는 것이다. 평소에 꼭 배우고 싶었던 것들, 운동과 독서 등의 취미활동 및 자기관리 혹은 아이들과 노는 것 등 중요하다고 생각하는 것은 무엇이든 대상으로 삼을 수 있다.

바쁜 일상에서 쉽지는 않겠지만 매주 3회 실천이라는 목표를 이루어보라. 처음에는 무척 힘들겠지만 습관화가 될수록 점점 쉬워짐을 느낄 것이다. 매주의 목표를 이루고 나면 성취감을 느끼고 활기도 찾게 된다. 강한 자신감이 생기고 무엇이든 할 수 있을 듯한 자신을 발견할 수 있다.

중요한 것은 1차 목표지점을 정하는 것이다. 예를 들어 수영 3W를 50주까지 도전하는 것이다. 중간에 포기하고 싶을 때도 많겠지만 위험한 고비들을 넘기면서 설정된 목표지점에 도달하게 되면 큰 기쁨을 느낄 것이다. 여기가 한계라고 느낄 때, 포기하고 싶을 때가 자기 내부의 열정을 최대로 끌어낼 수 있는 순간이다. 목표지점에서 기쁨에 넘쳐 밝게 웃고 있는 자신의 모습을 상상해보라. 1차 목표지점에 도달한 후 100주 혹은 200주 등의 새로운 목표를 설정하라. 충분히 원하는 바를 이루었다면 이젠 다른 것에 도전하라. 즐겁게 여행하는 기분으로 삶을 즐기는 것이다.

금세기 최고의 투자가로 알려진 존 템플턴은 '인생에서의 성공은 얼마나 오래 사느냐에 달린 것이 아니라 주어진 시간 동안 얼마나 많은 것을 담아낼 수 있느냐에 달려 있다'고 했다. 그러면서 매일 모험을 시도하라고 했다.

"지금까지 다녀보지 않았던 거리를 걸어보거나 한 번도 시켜보지 않았던 음식을 주문하는 일 등의 새로운 모험을 하면 우리의 삶이 더욱 넉넉해지고 생산적으로 변하며 흥미로워진다는 사실을 발견할 것이다."

도전의 두려움, 실패의 두려움, 한계에 대한 두려움과 악수하라. 이들과 함께 가라. 그리고 한 주 한 주에 집중하며 일상의 삶속에서 3W에 도전하라. 실패하든 성공하든 당신의 영역은 더욱 넓어질 것이다.

집중하고 **주도하라**

북미 지역의 한 산골에서 실제로 있었던 일이라고 한다. 외딴 산골에 요한과 베티 부부가 두 아들과 함께 살고 있었다. 너무 깊은 산골이어서 남편은 읍내에 시장을 보러 가면 사나흘이 걸려서야 집으로 돌아오곤 했다.

남편이 시장에 간 어느 날 베티는 장작을 패려고 뒤뜰로 갔다. 장작더미에서 장작개비를 집어 드는 순간 거기에 숨어 있던 독사가 그녀의 다리를 물고 말았다. 베티는 순간적으로 도끼를 들어 정신없이 독사를 내리찍었다. 그러나 온몸에 독이 퍼지면서 머지않아 죽게 될 것을 알았다.

"이렇게 죽는구나. 남편이 돌아오려면 아직 사흘이나 남았는데 아이들은 어떻게 하지?"

베티는 얼마 남지 않은 시간 동안 아이들에게 필요한 것을 준비해두어야겠다고 생각했다. 두 아들을 굶기지 않으려면 빵을 구워놓고 젖을 짜두어야 했다.

베티는 빵을 굽기 위해 혼신의 힘을 다해 장작을 패기 시작했다. 어지러웠지만 아궁이에 가서 불을 지피고 빵을 구웠다. 무더운 여름이라 땀이 비 오듯 쏟아졌다. 빵을 다 굽고 젖까지 짜두자 그녀의 옷은 땀에 흠뻑 젖어 있었다.

베티는 모든 준비를 끝내고 아이들을 불렀다.

"키티야, 이제 엄마는 깊은 잠에 빠지게 될 거야. 그동안 네 동생 잘 돌봐줘야 해. 빵도 먹이고 우유도 먹이고……."

그런데 이상한 일이 벌어졌다. 시간이 지날수록 정신이 점점 맑아지는 것이었다. 손과 발에 힘이 되돌아오는 것 같았다. 아이들을 위해 열심히 땀을 흘리는 동안 독이 땀을 통해 몸 바깥으로 배출되었던 것이다.

실화라고 하기엔 어딘지 허무맹랑한 구석이 있다. 독사의 독이 땀으로 배출될 리 없기 때문이다. 확인해볼 길은 없으나 아마도 독사의 독에 내성이 있는 특이체질이지는 않았을까 짐작해볼 뿐이다.

그러나 허점이 많은 이 이야기에서 나는 많은 의미를 발견한다. 라이프플래너인 나에게 맞춰 재해석을 하는 것이다.

이야기 속에 나오는 아이들은 나에게 고객이다. 그러므로 나는 고객을 위해 내가 할 수 있는 한 최선을 다하려고 한다. 장작, 우유, 빵은 3W를 의미한다. 아이들을 위해 빵과 우유를 준비한 어머니처럼 아직 생명보험의 가치를 모르는 고객에게 그 가치를 알려주려고 한다. 그것들을 준비하기 위해 흘린 땀은 내가 고객들을 찾아가 상담하고 거절당하고 계약하고 문병을 가고 불편한 점들을 해결해주고 마지막에 보장을 전해드리는 활동이자 열정이다.

지금부터가 진짜 중요하다. 독사의 독은 나에게 무엇을 의미할까? 그것은 나에게 주어진 시간이다.

토마스 제퍼슨은 "30세에 죽지만 장례만 70세에 치른다"는 말을 했다. 아무리 젊다 해도 도전적이고 활기 있는 삶을 살지 않는다면 이미 죽은 목숨이라는 이야기다. 나는 이미 죽은 것처럼 살다가 장례만 말년에 치르는 인생을 살고 싶지 않다. 땀은 내가 살아 있다는 증거다. 끊임없는 열정으로 땀을 내지 않으면 내 몸에 독사의 독이 퍼질 것이다. 그러면 몸은 죽지 않았으나 정신은 이미 죽어버린 사람이 되어버린다.

열정의 열기로 목표를 향한 땀을 흘리고 그 땀으로 가치 있는 일을 하고 그것으로 가치 있는 성공을 하라.

● 김철웅이 만난 열정

매 순간 사랑하는
사람을 생각하라

캐나다에서 열린 2008년 토론토 MDRT 연차총회에서는 나를 포함하여 약 8000명의 청중들이 숨을 죽이고 난도 파라도(Nando Parrado)의 이야기에 집중하고 있었다.

1972년 장래가 촉망되는 우루과이의 젊은 럭비선수 난도 파라도는 칠레에서 열리는 경기에 출전하기 위해 팀원들과 함께 칠레로 향하고 있었다. 그러나 안데스 산맥을 지나면서 그들이 탄 비행기가 그만 추락을 하고 만다. 45명의 탑승자 중 사고 직후 생존자는 29명. 그러나 구조대는 8일 만에 구조를 포기했다.

이들은 아무도 살아갈 수 없는 빙하로 이루어진 고산지대에서 영하 40도의 추위와 배고픔과 공포에 시달리며 하루하루 사투를 벌였다. 동승했던 어머니와 동생을 잃고 심한 부상에 시달렸지만 난도 파라도는 오직 삶에 대한 강한 의지로 모든 힘든 순간을 버텼다. 생존자들은 부서진 비행기 동체 안에서 생활하면서 만일 자신이 죽게 되면 자신의 시신을 다른 생존자들이 먹어도 좋다는 약속을 한다. 실제로 그들은 인육을 먹으며 버텼다. 그렇게 해서라도 마지막 남은 사람이 구조된다면 그들이 얼마나 가족을 그리워했는지 말해주길 바랐다.

여름이 되어 난도 파라도는 다른 몇 명과 함께 구조를 요청하러 떠난다. 천신만고 끝에 산을 내려가서 결국 그는 도움을 청하게 되고 구조대는 그와 함께 헬기로 생존자들이 있는 곳으로 향한다. 그들은 72일 동안이나 생존해 있었으며 마지막 생존자는 16명이었다.

난도 파라도는 "매 순간마다 사랑하는 사람을 생각하며 버텼고 사랑의 진정한 가치를 배웠습니다"라고 말했다 그리고 "여러분이 힘들 때에는 나를 꼭 기억해주세요"라고 했다. 우리가 삶에서 겪는 어떤 어려움이 그가 겪었던 끔찍했던 경험보다 더 힘들 수 있을까? 작은 시련에도 힘들다고 엄살 부리지 말고 인생의 밝은 면을 바라보려고 노력해야 한다.

03 성공이란…

2009년 6월 초 나는 미국 조지아주 애틀랜타(Atlanta) 공항에서 차를 타고 애크워스(Acworth)라는 곳으로 향하고 있었다. 보험업계의 살아 있는 전설인 솔로몬 힉스(Solomon Hicks) 선배님과 만난다는 기대감에 장시간의 비행에도 피로한 줄 모르고 그가 운전기사와 함께 공항으로 보내준 포르셰 자동차에 몸을 싣고 있었다.

화창한 날씨에 평화로운 애틀랜타 주변의 풍경을 바라보면서 생각에 잠겼다. 푸르덴셜 130여 년 역사상 가장 성공했다고 평가받는 분은 과연 어떤 집에서 어떤 모습으로 일상의 삶을 살고 계실까, 그분의 집에서 3일간 머물면서 듣게 되는 성공비결은 과연 무엇일까, 솔로몬이라는 이름처럼 지혜로 가득 찬 그분에게서 어떤 삶의 교훈들을 배우게 될까, 이런 기대감과 함께 내가 누리고 있는 이 행운에 깊은 감사와 행복감이 밀려왔다.

어느덧 2천 평이 넘는 대지에 지어진 멋진 저택이 눈앞에 들어왔다. 도착해서 눈이 휘둥그레져 있을 때 솔로몬 선배님 부부는 해맑은 얼굴로 반갑게 맞이해 주었고 내가 묵을 방으로 안내한 후 이어서 집을 구경시켜 주기 시작했다. 영화에서나 봐왔던 바로 그런 훌륭한 집이었다. 자쿠지가 달린 수영장, 다섯 대가 주차 가능한 넓은 차고, 피트니스 룸, 사우나, 미용실 그리고 영화관까지 갖추고 있었고 손주들이 놀러 왔을 때 묵을 수 있는 방까지 예쁘게 꾸며 놓았다. 흥미로운 것은 3층 주택에 굳이 없어도 될만한 엘리베이터였다. 알고 보니 나이 드신 어머님을 위해서 집을 지을 때 설치한 것이라 했다. 가족에 대한 그의 뜨거운 사랑을 엿볼 수 있었다.

그는 나에게 많은 것들을 베풀어 주었다. 여행의 피로를 풀라며 도착 직후 마사지사를 집으로 불러주었다. 전혀 기대하지 않았던 황홀한 서비스였다. 솔로몬 선배님은 은퇴 기념으로 아내 캐럴에게서 벤틀리 아주어를 선물로 받았다고 한다. 우린 그 차를 타고 드라이브를 했고 집 안의 영화관에서 캐럴이 만들어준 팝콘을 먹으면서 제이슨 스타뎀 주연의 액션영화를 함께 환호성을 지르며 보았다. 정말 즐거운 시간이었다.

항상 "예스!"라고 외쳐라

그 집에 머무는 동안에 나는 소위 성공한 사람들이 누리는 여유와 풍요로움을 보았다. 그런데 사실 그보다는 그의 내면에 있는 것들, 즉 마음속에 채워져 있는 따뜻한 사랑과 삶의 태도 그리고 다른 사람을 대하는 방식 같은 것들에 마음을 완전히 빼앗겨 버렸다. 그가 가진 것들, 이룬 것들보다는 그가 어떤 사람인지를 가까이에서 보면서 진정한 성공의 의미를 확인할 수 있었다.

솔로몬 선배님은 나를 위해서 훌륭한 저녁 식사를 직접 준비했고 아침에도 일찍 일어나 따뜻한 식사를 만들어 주었다. 식사 시간은 모두 귀중한 배움의 시간이었다. 나는 연신 질문을 던졌고 그는 흥미진진한 삶의 교훈과 비즈니스 노하우를 내게 들려주었다. 머지않아 일흔을 바라보는 나이였지만 그는 여전히 열정적이었고 때론 천진난만한 얼굴의 아이와도 같았다. 대화 중에는 나에게 집중했으며 나를 위해 온전히 헌신하고 있는 모습을 보면서 그를 좋아하지 않을 수가 없었다. 그는 항상 "예스!"라고 말했다. 묻거나 부탁하는 말에 항상 "예스!"를 외치는 상대를 어떻게 좋아하지 않을 수 있겠는가.

솔로몬 선배님은 푸르덴셜에서 일곱 번의 챔피언을 달성하였고 화려한 업적을 이루며 보험업계의 전설이 되었지만 사실 그의 초기 영업 시절은 초라하기 짝이 없었다. 젊은 솔로몬은 너무도 가난했었다. 명함을 만들 돈이 없어서 다른 이들의 명함을 빌려 거기에 본인의 이름을 적어서 고객에게 내밀었다고 한다. 고객 앞에서 그것이 얼마나 창피한 일인지 나는 잘 알고 있다. 그는 집에 전화가 없어서 공중전화에서 고객과의 약속을 잡았고 자동차가 없었기 때문에 주로 버스를 타고 활동했다고 한다. 영업 첫 주에 그만 해고를 당했지만, 가족을 돌봐야 하는 절박한 상황과 성공에 대한 뜨거운 열망이 그를 가로막지는 못했다.

솔로몬에게 어머니는 세 가지 큰 가르침을 주셨다고 한다. 첫째는 주위 사람들을 도우며 살라는 것이고, 둘째는 항상 신께서 이끌고 계심을 명심하라는 것, 셋째는 세상에는 공짜가 없으니 받은 것은 꼭 돌려주라는 것이었다. 다른 성공한 이들처럼 솔로몬도 역시 시련과 실패라는 많은 장애물을 만났지만, 결코 포기하지 않았다. 포기(give up)를 모르는 그는 대신에 어머니의 가르침대로 받은 것들을 되돌려 주는(give back) 삶을 실천해왔다. 자신이 내게 베푸는 이유는 그동안 살아오면서 주위 사람들에게서 받았던 것들을 되돌려 주기 위함이라며 나 역시 받은 것들을 언젠가 후배들에게 되돌려 주기를 주문했다. 좋은 것들이 사람과 사람에게 계속 전해 내려갈 때 세상은 좀 더 아름답게 바뀔 것이라 말하는 모습을 보며 솔(Sol)이라는 그의 애칭처럼 그가 세상을 밝히는 태양처럼 느껴졌다.

사람을 향한 뜨거운 애정이 먼저다

마지막 날 아침, 나는 캐럴과 작별인사 후 솔로몬 선배와 함께 애틀랜타 공항으로 향했다. 인디애나주 인디애나폴리스에서 열리는 백만 불 원탁회의 연차총회에 참석하기 위해서였다. 한국인 어느 누구도 서보지 못했던 영광스런 무대에 내가 한국어 특별 세션 연사로 오를 예정이어서 그날 아침에 무척이나 설레는 마음이었던 것이 기억난다. 애틀랜타 공항에 도착했을 때 나는 정말 재미있는 상황을 경험하게 된다. 수속 카운터를 향해서 함께 걸어가고 있었는데 마주치는 공항 직원들마다 솔로몬을 보고 반갑게 인사를 하는 것이 아닌가. 평소에 내가 보아왔던 무뚝뚝한 표정의 미국 공항 직원들의 표정이 아니었다. 마치 인기 연예인이라도 나타난 것처럼 여러 명이 솔로몬 이름을 부르며 기뻐했고 어떤 이들은 반가움에 소리 지르고 그의 뺨에 키스하며 포옹을 했다. 한국에서 온 자기 아들이라며 솔로몬이 나를 재미있게 소개하자 만나서 정말 반갑다면서 나와도 깊은 포옹을 했다.

미국 전역에서 활동하고 있는 솔로몬 선배님은 집에서 가까운 애틀랜타 공항을 자주 이용해 왔는데 평소에 이들에게 얼마나 따뜻하게 대했을지 충분히 짐작할 수가 있었다. 그들에게 특유의 웃는 표정으로 다가가 기분 좋은 인사를 먼저 건넸을 테고 대화를 나눈 후에는 자신들이 존중받았다는 느낌이 들게 만들었을 것이다. "예스!"를 남발하며 열정적인 에너지를 뿜어내는 그를 좋아하지 않을 수가 없었을 것이다.

바로 그 순간에도 나는 눈으로 확인할 수가 있었다. 보험업계에서 최고로 성공한 인물로 평가 받는 분의 비결은 빼어난 상담 기술이나 지식 혹은 부유한 고객들이 아니라 사람을 향한 따뜻한 애정이라는 것을. 물론 그가 쏟아온 생명보험에 대한 그 뜨거운 열정과 신념 그리고 헌신을 빼놓을 수는 없겠지만 말이다. 그의 따뜻하고 순수한 애정이 진심이라 여겨질 때 누구라도 마음의 벽을 허물고 그와 친구가 되었을 테고 기꺼이 그의 고객이 되었으리라는 생각이 들었다. 왜냐하면, 지난 며칠간 함께 지내면서 앞으로 그와 함께할 수 있다면 나도 그의 고객이 되고 싶다는 생각을 했으니까 말이다.

내가 보았던 그의 에너지 넘치는 표정과 목소리, 그리고 긍정적인 삶의 태도는 평생토록 기억에 남을 것 같다. 솔로몬 선배님이 보여준 삶의 방식을 통해서 성공의 의미에 대해서 더욱 확신하게 되었고 나 자신을 많이 돌아보게 되었다. 그분에게서 과분하게 받았던 것들을 그리고 또한 살아오면서 주위 사람들에게 받았던 많은 것들을 다른 이들에게 되돌려주는 삶을 살겠노라고 결심하게 되었다.

성공이란 가진 것이나 이룬 것이 아니라 삶의 방식이라고 말한다. 나는 그 말에 전적으로 동의한다. 그의 삶의 방식이 나에게 영감을 주고 내 삶에 큰 영향을 끼쳤다. 성공이란 이런 변화의 힘을 가지고 있으며 살아서 활동하는 생명체 같아야 한다는 생각이다. 마치 솔로몬 선배님이 애틀랜타 공항 직원들을 열광하게 만들고 행복한 표정을 짓게 만들 수 있는 것처럼 말이다. 많은 것을 소유했지만 결국 다른 사람들에게 시기심과 거리감만 느끼게 하는 가짜 성공이 아닌, 사람들이 진심으로 좋아하고 본받고 싶고 함께 하고 싶게 만드는 그런 성공을 말하고 싶은 것이다. 성공이란 우리가 목숨 걸고 애절하게 오랫동안 매달리지 않아도 자신을 조금씩 바꾸는 것을 통해서 훨씬 쉽게 이룰 수 있는 것이라 생각한다. 또한, 그렇게 함으로써 우리는 마음의 짐을 좀 덜고 삶의 여유를 찾을 수 있지 않을까 생각한다.

에필로그

무한열정으로 진화하라

지난 10년 동안 1500명이 넘는 고객에게 생명보험의 가치를 전달해왔다. 그리고 같은 기간에 3000명이 넘는 고객에게 거절을 당했다.

라이프플래너가 되기로 결심했을 때 나에게는 열정의 고갱이가 있었다. 생명보험에 대한 가치를 알고 시작했기 때문이다. 그러나 그것만으로는 부족했다. 한 가정에 행복을 보장해주기 위해, 수많은 실패를 이기기 위해 나에게는 더 뜨겁고 강한 열정이 필요했다. 그래서 지속적으로 열정을 위해 배우고 열정을 위한 활동을 했다. 어떻게 해야 더 뜨겁고 강한 열정을 내 것으로 만들 수 있을지 연구하고 그 결과를 행동으로 옮겼다. 때로는 지칠 때도 있었고 열정의 온도가 뚝 떨어지는 때도 있었다. 하지만 그냥 넋 놓고 있지 않았다.

내 일의 가치를 다시금 되새겼고 열정의 바람개비가 돌 때까지 뛰었다. 손해를 감수하고서도 원칙을 지켰으며 내 일의 핵심이 무엇인지 고민하고 다시 음미했다. 오늘 하루가 내 인생의 마지막 날인 것처럼 작은 시간도 허투루 보내지 않으려고 했다. 그동안의 성과는 열정을 지키기 위한 노력의 산물이라고 봐도 좋을 것이다.

그러나 아직은 길이 멀다. 지금보다 더 뜨거운 열정으로 진화해야 한다. 열정의 진화를 무한 반복해 끝내 무한열정으로 진화해야 한다. 더 많이 활동하고 더 많이 생각하고 더 많이 연구해야 한다. 그와 함께 열정의 시스템도 진화해 나갈 것이다. 이런 노력들이 나를 내 꿈으로 데려다줄 것이다.

나는 아침에 내 인생의 꿈들을 글로 적곤 한다. 인생에서 가장 하고 싶은 일, 가장 되고 싶은 사람, 가장 갖고 싶은 것들에 대해 정리한 것을 수시로 옮겨 적어본다. 그 꿈들을 자주 음미하고 가슴에 꼭 끌어안아본다. 가슴에 무엇을 품고 살아가는가에 따라 인생이 달라지리라 믿기 때문이다.

라이프플래너로서의 내 꿈은 인생의 황혼기에 고객과의 약속을 아름답게 지키며 생의 임무를 완수해내는 것이다. 게다가 내가 꿈꾸는 멋진 얼굴을 하고 있다면 정말 좋겠다. 다름 아닌 존경하는 솔로몬 힉스의 모습을 닮는 것이다. 미국 푸르덴셜 역사상 가장 성공한 인물인 솔로몬 힉스. 수년 전에 그를 처음 만났을 때 말로 표현할 수 없을 만큼 놀랐었다. 그렇게 아름다운 얼굴은 난생 처음이었다. 사람을 대할 때 보여주는 온화한 표정, 애정과 다정함이 가득 찬 눈빛, 너무나 멋진 밝은 웃음을 가진 사람이었다. 아마도 오랜 시간 동안 라이프플래너를 해오면서 수많은 경험을 통해 만들어진 모습이라 생각한다. 언제가 나도 그런 모습을 꼭 갖고 싶다. 인생의 황혼기에 그러한 모습을 가질 수 있다면 정말 멋진 인생을 살았다고 만족할 수 있으리라.

당신의 꿈은 무엇인가?

꿈 따위는 오래 전에 다 잊어버렸다고, 지금은 그냥 편하게 사는 게 인생 최대의 목표라고, 로또만이 나의 희망이라고 말하지 말라. 그동안 겪었던 실패와 좌절, 자기 자신에 대한 실망, 세상에 대한 원망은 모두 잊어라.

지금은 '장래 희망'을 발표하는 시간이다. 마치 어린아이가 된 것처럼 마음껏 상상력을 펼쳐보라. 당신은 죽을 때까지 펑펑 돈을 써도 될 만큼 많은 돈을 가진 사람이 될 수도 있고 지금 다니는 회사의 CEO가 될 수도 있다. 많은 사람들의 존경과 신뢰를 받는 사회사업가가 될 수도 있다. 가깝게는 승진이 되거나 연봉을 올릴 수도 있다. 충분히 상상하라.

하나씩 하나씩 곁가지들이 떨어져 나가고 하나의 이미지가 떠오를 것이다. 그 이미지를 붙들고 마치 현실인 듯 생생하게 그려보라. 그리고 다시 그것이 지금 막 이루어진 상태라고 상상하라.

제대로 상상을 했다면 어떤 충만감이 느껴질 것이다. 그 충만감을 그대로 가지고 현실로 돌아오라.

그리고 지금, 열정으로 다시 시작하라. 다시 꿈을 향해 움직여라. '저마다 가지고 있는 꿈과 목표를 마치 임산부가 아기를 생각하듯이 여기라'는 말이 있다. 임산부는 식사를 할 때도 아기를 생각하며 조심스럽게 음식을 선택한다. 누울 때도 아기에게 편한 자세를 취한다. 모든 행동 하나 하나를 할 때마다 아기를 생각한다. 우리가 가진 꿈과 목표를 임산부가 아기를 생각하듯이 이 세상에서 가장 소중한 것으로 여긴다면 늘 그 꿈에 열정적으로 집중하게 되고 결국은 그것을 이루게 될 것이다.

지금 그 자리에서 성공하라
미쳐야 산다

초판 1쇄 발행 2009년 4월 20일
개정증보판 1쇄 발행 2015년 11월 18일

지은이 김철옹
펴낸이 이범상
펴낸곳 (주)비전비엔피 · 비전코리아

기획 편집 이경원 박월 윤자영 강찬양
디자인 최희민 김혜림 이미숙
마케팅 한상철 이재필 김희정
전자책 김성화 김소연
관리 박석형 이다정

주소 우)04034 서울특별시 마포구 잔다리로7길 12 (서교동)
전화 02)338-2411 | **팩스** 02)338-2413
홈페이지 www.visionbp.co.kr
이메일 visioncorea@naver.com
원고투고 editor@visionbp.co.kr

등록번호 제313-2005-224호

ISBN 978-89-6322-092-5　13320

· 값은 뒤표지에 있습니다.
· 잘못된 책은 구입하신 서점에서 바꿔드립니다.

「이 도서의 국립중앙도서관 출판예정도서목록(CIP)은 서지정보유통지원시스템 홈페이지(http://seoji.nl.go.kr)와 국가자료공동목록시스템(http://www.nl.go.kr/kolisnet)에서 이용하실 수 있습니다.(CIP제어번호: CIP2015025769)」